Kolofon

©Mathias Jansson (2015)

"Atombomber, döskallar och flygande mattor – essäer om samtidskonst"

ISBN 978-91-86915-26-1

Utgiven av:

 "jag behöver inget förlag"
c/o Mathias Jansson
Tvärvägen 23
232 52 Åkarp
http://mathiasjansson72.blogspot.se/

Tryckt:Lulu.com

Omslag: Screenshot från dataspelet *Theatre Europe* (1985) och detalj ur Aelbert Jansz. van der Schoors målning *Vanitas stilleven* (1672).

Essäerna har tidigare varit publicerade i Tidningen Kulturen.

Innehåll

Världen vackraste tavla – matematiskt sett 3

Skriv ut hela internet! 7

Mike Builds a Shelter - världen första art game? 11

Ett minnesmonument över EVE 18

Den flygande mattan i konsten 21

I klammeri med rättvisan 28

Den transparenta konstnären 35

Döskallar i konsten 43

Solskensbiografer och överlevnadsateljéer 49

Självlysande kaniner och kvantkonst 54

David Cernys kontroversiella konst i Prag 61

Den förbjudna zonen 66

Vindljud och vindkraftodjur 72

Det digitala landskapet 76

På trolljakt i samtidskonsten 82

Med karta och GPS genom konsten 87

Den bortstädade konsten 93

Från golvslipare till guldgrävare 98

Den hemsökta målningen 103

Den zombifierade samtidskonsten 110

Världen vackraste tavla – matematiskt sett

Det finns tusentals listor på nätet med förslag på vilka som är världens vackraste tavlor. En massa förståsigpåare, från konsthistoriska experter till rena amatörer, har rangordnat och lämnat förslag på vilka konsthistoriska verk som de tycker ska ingå i topplistan. Ett urval som naturligtvis helt är baserat på deras egen subjektiva smak och tyckande. Men nu är det äntligen slut på detta ovetenskapliga tyckande för nu har två datorforskare, Ahmed Elgammal och Babak Saleh, vid Rutgers Universitet i New Jersey äntligen skapat ett program som objektivt och matematiskt kan avgöra vilket konstverk som är det mest originella i konsthistorien. Utifrån en databas med 62 000 målningar har programmet analyserat konstverken och rangordnat dem efter kriterier som form, färg, mönster och inbördes inspiration. Resultatet är att världens mest originella målning är Edvard Munchs *Skriet* från 1892. Rent spontant känns det inte helt fel, för Skriet är en väldigt speciell målning och absolut originell, och det är inte bara något som jag subjektivt tycker utan också vad en objektiv bedömare som en dator utan några som helst konstkunskaper har kommit fram till.

Babak Saleh har under flera år arbetat med att skapa program som kan hitta likheter och samband i visuella bilder. 2014 publicerade han en uppsats med titeln *Toward Automated Discovery Of Artistic Influence* där han använde sig av ett automatiskt klassificeringsprogram för att jämföra 1700 målningar av 66 olika konstnärer. Programmet sökte med hjälp av en matematisk formel efter likheter mellan olika konstverk, och skapade därefter ett nätverk över vilka konstverk som inspirerat varandra. Det är nu dessa upptäckter man har utvecklat och förfinat för att kunna leta fram det mest originella konstverket i konsthistorien, det vill säga det verk som är minst inspirerat av andra konstverk och därför mest unikt och som därför sticker ut när det gäller kreativitet.

Ett annat sätt att utse världens vackraste tavla är genom opinionsundersökningar. 1994 genomförde de ryska konstnärerna Vitaly Komar and Alex Melamid ett konstprojekt för att ta fram världens vackraste tavla, men också den fulaste. Konstnärerna anlitade ett professionellt marknadsundersökningsföretag som intervjuade människor i olika länder om deras uppfattning om vad som var vacker konst. Utifrån det statistiska underlaget skapade sedan konstnärerna världens vackraste tavla. Det blev ett konstverk som på ett demokratiskt och statistiskt sätt speglade den allmänna konstsmaken. Resultatet för den amerikanska marknaden var en tavla som var stor som en diskmaskin(!?) och bestod av ett landskapsmotiv där 40 % av ytan var täckt av blå himmel eller vatten. På tavlan skulle det finnas ett berg till vänster, ett träd till höger, vilda djur, en samling människor och en historisk figur (på den amerikanska tavlan är det George Washington). När det gäller de andra länderna som Frankrike, Kina och Kenya så visade det sig att konstsmaken var ganska homogen, för även där var det liknande landskapsmålningar som dominerade. Den allmänna konstsmaken påminde alltså en hel del om de motiv som man kan hitta hos många flamländska 1600-tals målningar. Även när det gällde den fulaste tavlan var man ganska enig, den var abstrakt eller nonfigurativ med skarpa röda eller gula färger som gav ett oroligt intryck.

För en konstnär skulle den här typen av statistiskt underlag och matematiska formler kunna vara guld värd för att slå sig in på den hårda konstmarknaden. Det pågår redan idag runt om i världen olika projekt där man genom olika algoritmer försöker förutspå våra köpbeteenden och tidigt fånga upp nya trender på marknaden. Idag finns det en aldrig tidigare skådad mängd information på nätet och i olika databaser, som man kan använda som underlag för att skapa detaljerade analyser över vårt beteende och därmed också förutspå framtiden. Facebook, Google och andra stora aktörer använder redan dessa smarta program för att föreslå nya vänner, sökningar eller för att visa annonser om sådant som vi ännu inte själva har upptäckt att vi behöver.

Konstnären Jonas Lund har i flera olika projekt undersökt konstmarknadens mekanismer. I *The Fear Of Missing Out* (2013) har Lund skapat en algoritm som kan förutse vilken typ av konst som kommer att slå igenom i framtiden. Det hela började med projektet *The Top 100 Highest Ranked Curators In The World* (2013) där Lund samlade in en stor mängd data (runt 4 miljoner rader) om konstnärer, curatorer, utställningar, gallerier och museum från olika källor för att sedan genom en matematisk formel avslöja konstvärldens osynliga nätverk och skapa en lista med de 100 curatorerna som hade mest inflytande i världen. Lund använde sedan samma databas för att skapa utställningen *The Fear Of Missing Out*. Genom att skapa en ny algoritm kunde Lund får fram instruktioner för hur han skulle kunna skapa de mest optimala konstverken för en utställning på Showroom MAMA i Rotterdam. Instruktionerna berättade hur konstverken borde se ut, från budget, titel, storlek och färger, till den optimala placeringen i galleriet. Ett av verken blev *Shield Whitechapel Isn't Scoop* som var ett rep i gult och rött som hängde från taket, och ett annat var *Parachute faces (diptych) Airwaves* som bestod av två trästolar med en svart tavla med texten "NSA hasn't been here yet". Bägge verken skulle utan vidare kunna ha placerats i en samtidskonstutställning utan att någon skulle inse att det var ett datorprogram som tagit fram koncepten.

Lund skulle säkert kunna utveckla sitt koncept, och tjäna stora pengar på att hjälpa konstnärer med råd om hur de ska bygga upp sin karriär utifrån *The Fear Of Missing Out* algoritmen. För om man utifrån en matematisk formel kan förutse vilken typ av konstverk som skulle få bäst genomslag i olika utställningsmiljöer och vid olika tidpunkter, samt vilka konstverk som skulle ha bäst chans att bli sålda, då skulle man som konstnär kunna producera den ena succén efter den andra. Problemet är förstås, som med alla marknader, att priserna och efterfrågan skulle rasa när alla konstnärer använde samma algoritm för att automatisk producera konstverk som liknade varandra.

Skriv ut hela internet!

Tänk att ha hela Wikipedia i sin bokhylla. Förr i tiden hade varje bildat hem ett uppslagsverk i bokhyllan. Det kunde vara Bonniers Familjelexikon, Bra Böckers Lexikon eller Nationalencyklopedin. Idag är internet vår främsta källa till kunskap och många har börjat glömma bort hur man söker i ett uppslagsverk i bokform. I alla fall så står många föråldrade uppslagsverk och samlar damm i bokhyllorna, om de inte redan har skänkts bort till någon Second Hand affär. Det största uppslagsverket på nätet är idag Wikipedia som finns på de flesta stora språken och har drygt 14 miljoner uppslagsord. Konstnären Michael Mandiberg är en flitig användare av Wikipedia och har även bidragit genom att redigera runt 2000 artiklar. En fråga som har sysselsatt honom de senaste åren är hur skulle det vara om man skrev ut hela den engelska versionen av Wikipedia i bokform?

I utställningen *From Aaaaa! To ZZZap!* som visas på Denny Gallery i New York till mitten av juli 2015 pågår utskriften av Wikipedia. Det är inte riktigt sant, för det skulle bli 7600 volymer med runt 700 sidor i varje del. Istället har konstnären nöjt sig med att trycka 106 riktiga volymer och illustrerat omslagen på ytterligare runt 2000 volymer i galleriet bara för att besökaren ska få en uppfattning av omfattningen. För det är nu inte bara att trycka på "print" och skriva ut hela Wikipedia på sin skrivare. Mandiberg blev först tvungen att skapa ett program som kunde sortera artiklarna och göra om layouten så den passade för boktryckning. En del av utställningen bestod av att Mandiberg laddade upp filen med alla texterna till Lulu.com som är en print-on-demand sida för självpublicering. Bara själva uppladdningen av Wikipedia beräknades ta nästan två veckor.

Det går nu inte att köpa hela Wikipedia i bokform om någon fick för sig det. Det finns visserligen en prislapp på $500,000 men Lulus e-handelssystem skulle inte klara av en sådan stor order för närvarande. Men om du i framtiden skulle kunna beställa detta praktbokverk så skulle du bland annat få 91 volymer som bara bestod av innehållsförteckningen, 500 volymer med artiklar som börjar med olika typografiska symboler innan ens bokstaven A börjar och 36 volymer med namnen på alla de som har bidragit med artiklar till Wikipedia under åren.

När man förvandlar en databas som Wikipedia till tryckt form så förstår man plötsligt vilka enorma mängder data som finns där ute på nätet och vilka utrymmen som skulle krävas om all dessa data skulle framställas i tryckt form istället för i digital form. För att inte tala om alla förändringar som skett sedan Mandiberg tog sin kopia. Wikipedia har beräknat att det gjorts 7.5 miljoner redigeringar sedan Mandiberg tog sin kopia, och för att få ett aktuellt uppslagsverk så skulle det nog behöva göras en ny utgåva av det utskrivna Wikipedia minst en gång varje år för att få med alla nya och redigerade artiklar.

Mandiberg är inte den första som insett att man kan överföra Wikipedia till böcker. Det tyska förlaget Alphascript Publishing har gjort det till sin affärsidé att sätta ihop artiklar från

Wikipedia till böcker och sedan sälja dem dyrt på t ex Amazon.com. Eftersom allt material på Wikipedia faller under creative commons, kan det fritt användas till både konstnärliga och kommersiella projekt.

Det finns nu de som har ännu större ambitioner, som att skriva ut hela internet. *Printing the internet* är ett crowdsourcing projekt initierat av den amerikanska poeten Kenneth Goldsmith. Målsättningen är att skriva ut hela internet på papper. Hela projektet är en hyllning till nätaktivisten Aaron Swartz som tog sitt liv 2013 efter att ha blivit fälld för dataintrång i MIT Press databas JSTOR som innehåller forskningstidskrifter och rapporter. Tanken med intrånget var enligt Swartz att sprida forskning som var bekostad med statliga pengar gratis på nätet istället för att den bara skulle vara tillgänglig för de som hade råd att köpa licenser till databasen. Swartz var också en av dem som låg bakom creative common licensen och han var en stark förespråkare för idén om att informationen skulle vara fri på internet. Goldsmith ser, precis som Swartz, som sin uppgift att göra informationen på nätet fri och tillgänglig för alla.

Vem som helst kunde bidra till *Printing the internet* genom att skriva ut olika sidor av internet och sedan skicka dem till Mexico City, där Goldsmith ställde ut pappren i ett galleri under en sommarmånad 2013. Det finns beräkningar som säger att om man skulle skriva ut hela internet så skulle man behöva 39 miljarder lådor med papper. Något som fick miljöaktivister att reagera mot Goldsmiths projekt. För det skulle krävas väldigt många träd för att skriva ut hela internet.

Goldsmith lyckades under utställningen nu bara få ihop en droppe av internet trots att 20 000 bidrog med material och utskrifterna i galleriet vägde runt 10 ton.

Även om Goldsmith inte lyckades skriva ut hela internet lyckades han året efter med att skriva ut hela JSTORs databas som Swartz kom över, och som sedan spreds illegalt via olika fildelningsnätverk som Pirate Bay. Under några dagar gick skrivarna heta i Düsseldorfs konsthall där JSTOR Pirate Headquarters tillfälligt hade inrättats för att skriva ut runt en kvarts miljon papper med vetenskapliga journaler och artiklar från JSTORs digitala bibliotek. Värdet på materialet uppskattades till drygt 350 000 dollar om man hade köpt artiklarna direkt från MIT Press. Sedan får man kanske dra av kostnaden för papper, bläck och själva arbetet, men budskapet var ganska uppenbart med *Printing the internet*. Man kan inte skriva ut hela internet och ha det i sin bokhylla. Därför är det så viktigt att nätet fortsätter vara fritt och att informationen kan spridas mellan användarna. För tänk om någon makt får för sig att censurera eller kontrollera informationen på nätet, då sitter vi där i framtiden med några föråldrade uppslagsverk utan möjlighet att få tillgång till ny, aktuell och oberoende information.

Mike Builds a Shelter - världen första art game?

Dataspelet *Mike Builds a Shelter* (1983) är kanske världen första dataspel som använts i en konstinstallation. Det är också ett tidsdokument från kalla krigets dagar, och för några av oss en riktig nostalgitripp. Spelet har fått sitt namn efter den amerikanska performancekonstnären Michael Smiths alter ego "Mike" som framträdde under 1980-talet i olika sammanhang. Mike var en vanlig amerikan, något naiv och oskyldig, som kommenterade den amerikanska kulturens och samhällets olika yttringar, ofta med komiska och absurda inslag inspirerade av TV-shower.

1983 byggde Smith upp installationen *Government Approved Home Fallout Shelter Snack Bar* på Castelli Graphics i New York tillsammans med Alan Herman. Förlagan var en informationsbroschyr utgiven 1980 av den federala katastrofmyndigheten, som berättade hur du kunde bygga en bar av betongblock i källaren som i nödsituationer kunde förvandlas till ett skyddsrum. Smith skapade en källarinteriör med barmöbler, fåtölj, skivspelare och TV så att det såg ut som en typisk amerikansk gillestuga. I denna miljö spelade sedan Smith upp sin show med både apokalyptiska och komiska inslag där hans alter ego Mike parallellt medverkade via kabel-TV med små vardagsscener.

En del av installationen bestod av ett gult arkadkabinett där man kunde spela dataspelet *Mike Builds a Shelter*. Spelet var skapat på en Commodore 64 av Dov Jacobson och Reza

Keshavarz. I spelet gäller det för Mike att bära ner tre stycken betongblock ner i källaren och bygga klart sitt skyddsrum innan atombomben träffar huset. Jag kan avslöja att han aldrig hinner bygga klart skyddsrummet. Det är dömt att misslyckas och världen går under till ledmotivet från filmen *Dr. Strangelove* i åtta bitars kvalité. Spelet visar interiören av huset där Mike bor. På övervåningen finns ett vardagsrum med en TV, stol och gardiner för fönstren. En trappa leder ner i källaren och ovanför trappan står de tre betongblocken som Mike ska bära ner i källaren. Det är en enkel form av plattformsspel, där grafiken är tvådimensionell och man ser karaktären i profil, precis som i mer kända plattformsspel som *Donkey Kong* och *Super Mario* som också dök upp i början av 1980-talet.

När Smith skapar sin skyddsrumsinstallation då befinner vi oss under det Kalla kriget som började efter andra världskriget slut och pågick fram till Berlinmurens fall 1989. Det rådde en kapprustning mellan de två stormakterna i världen som bestod av Sovjetunionen med Warszawapakten i öst och USA med Nato i väst. Under 1980-talet när Ronald Reagan var president i USA skedde en kraftig militär upprustning i världen, och spänningarna mellan öst och väst ökade. Det var under den här perioden som Reagan kallade Sovjetunionen för "ondskans imperium", och hotet från ett kärnvapen krig fanns alltid närvarande.

Efter andra världskriget, då världen insett vilken fruktansvärd effekt atombomberna hade, vilket visade sig när USA bombade de två japanska städerna Hiroshima och Nagasaki, så var hotet från atombomben en del av vardagen i USA. I TV-klipp från 50-talet kan man se hur försvarsmakten i USA uppmanar barn att ducka och gömma sig under sina skolbänkar när de ser det starka skenet från en atombomb. Om inte skolbänkarna var gjorda av en meter bly så hjälpte det föga mot atombombens strålning. Det fanns en naiv övertro på myndigheternas förmåga att skydda medborgarna mot atombomberna, vilket är något som Mikes karaktär anspelar på i sin performance. Att bygga en bar av cementblock nere i källaren som skydd mot en atombomb verkar vara ett lika hopplöst och utdömt projekt som dataspelskaraktären Mikes försök att bygga ett skyddsrum i källaren.

I skuggan av atomvapenkriget växte sig därför en stark anti-krigs och fredsrörelse fram, vilket avspeglade sig även inom konsten. Smiths installation, i form av fotodokumentation, kom senare att ingå i utställningen *The End of the World: Contemporary Visions of the Apocalypse* som visades på the New Museum i New York under vintern 1983-1984. Dataspelet var nu inte med utan skulle gå ett helt annat öde till mötes. Utställningen handlade om hur atombomben hotade hela vår existens och riskerade att orsaka jordens undergång. Det var ett hot som inspirerade och präglade mycket av den samtida konsten under 1980-talet. Det fanns en undergångskänsla som genomsyrade hela västvärlden, med fruktan att vi stod inför ett tredje världskrig där atombomber skulle komma att användas.

Samma år som Smith skapade sin installation var det också premiär för filmen *War Games*. Filmen handlar om en ung datahacker som lyckas hacka sig ända in i den amerikanska militärens kommandocentral för kärnvapenmissiler. I tron att han hittat ett nytt dataspel som simulerar ett kärnvapenkrig börjar han spela mot datorn. Simuleringen visar sig nu vara verklig och världen står på randen till ett tredje världskrig. I början av 80-talet hade hemdatorn slagit igenom och en ny generation växte upp med datorer hemma. Scenariot från *War Games* har alltså hämtat inspiration från två hotbilder som allmänheten upplevde, dels dataintresserade ungdomar som kunde hacka sig in i viktiga samhällssystem, och den allmänna rädslan för ett kärnvapenkrig mellan Sovjetunionen och USA.

Under den här tiden dök det också upp en del dataspel som kunde simulera kärnvapenkrig precis som i filmen *War Games*. Ett av dem var *Theatre Europe* (1985) som lanserades till många olika hemdatorer, bland annat Commodore 64 och Atari. I spelet kan man välja att spela som NATO eller Warszawapakten. Spelet gå ut på att bygga upp och flytta runt sina trupper i Europa för att sedan anfalla fienden antingen med konventionella vapen, kemiska vapen eller som sista alternativ beordra en kärnvapenattack. När man bestämmer sig för att genomföra en kärnvapenattack så tar man kontakt med kommandocentralen och få då veta ett hemligt kodord som gör det möjligt att avfyra kärnvapenmissilerna. På skärmen ser man hur bombplanet lyfter och rör sig över kartan mot sitt mål medan ett enerverande larmljud tjuter i högtalarna. Bilden byts sedan till siluetten av en idyllisk stad i solsken. I bakgrunden tjuter flyglarmet och på den knallblå himlen avtecknar sig plötsligt vita streck från missilerna på väg ner mot staden. Hela skärmen skakar och flimrar i vitt när missilerna träffar sitt mål. När dammet så att säga har lagt sig så ser man en svartvit bild av den ödelagda staden, med det karaktäristiska svampmolnet som reser sig mot skyn. Även fast grafiken är i låg upplösning så tycker jag än i dag att det är ett skrämmande scenario som spelet målar upp. Naturligtvis kommer fienden i spelet att svara med samma mynt och ett totalt kärnvapenkrig är i längden ofrånkomligt.

Om man sätter in *Mike Builds a Shelter* in detta historiska sammanhang så är det ett spel som fångar upp många av tidens strömningar. Spelet gjordes på en vanlig hemdator Commodore 64 av några entusiaster, Reza Keshavarz var bara en tonåring när han skapade spelet. Det skulle dröja ett tag innan dataspelsdesign blev ett riktigt yrke och inte bara en hobbyverksamhet. Spelet tar upp rädslan för ett kärnvapenkrig vilket låg i tiden inom både konsten och populärkulturen. Det som skiljer spelet från andra samtida dataspel är att det skapades för att ingå i en konstnärlig kontext. Det var inte gjort bara för att roa spelaren utan spelet hade ett politiskt budskap och förstärkte på så sätt Smiths konstnärliga intentioner. Man kan säga att dataspelet är en digital version av Smiths performance där spelaren kan prova på att vara Smiths alter ego Mike och själv genomföra en virtuell version av hans performance.

Även om det finns exempel på konstnärer som använt datorer tidigare för att skapa konst är Michael Smith förmodligen den första som använt ett dataspel som en del av ett konstverk. Det är först i början av 1990-talet som andra konstnärer på allvar börjar experimentera med dataspelens estetik och möjligheter inom konsten. Det är också förklaringen till att *Mike Builds a Shelter* nästan höll på att gå förlorad till eftervärlden. När Smith rev installationen plockade han isär arkadkabinettet och kastade många av komponenterna, eftersom han såg dataspelet som en del av interiören och inte betraktade det som en del av konstverket eller ett konstverk i sig själv. Smith var alldeles för tidigt ute för att inse den historiska betydelsen av det dataspel som han hade skapat till sin installation. Han insåg helt enkelt inte att ett dataspel i framtiden skulle kunna ha ett konstnärligt värde i sig själv.

Det var först när konstnären Paul Slocum 2008 under förarbetet med utställningen *Reset/Play*, som handlade om konstnärer som arbetade med dataspelskonst, återupptäckte Smiths dataspel som det lyftes fram ur historiens glömska. Slocum kontaktade Smith och tillsammans hjälptes de åt att rekonstruera arkadkabinettet med hjälp av fotografier. Slocum blev även tvungen att programmera om stora delar av spelet så det skulle kunna fungera med ny teknik. På Frieze Art Fair in London 2014 kunde spelet äntligen presenteras för allmänheten i samband med att Smith byggde upp en kopia av sin kända nyinstallation *Government Approved Home Fallout Shelter Snack Bar* från 1983.

Ser man på spelet idag kan man tycka att det är tekniskt och grafiskt enkelt, men ser man historiskt på saken, så kan man säga samma sak om de första exemplen av rörlig film som vi idag kan läsa om i historieböckerna. Det som är unikt med *Mike Builds a Shelter* är den konstnärliga kontexten. Det är ett spel som i ett sammanhang berättar mycket om sin samtid. Om kalla kriget, om rädslan för ett kärnvapenkrig, om hur hemdatorn och dataspelen erövrade världen och hur ett helt nytt medium började utforskas och användas av konstnärer. *Mike Builds a Shelter* är ett pionjärarbete inom dataspelsbaserad konst. Det är troligen världens första art game, som tack vare Paul Slocum räddades till eftervärlden och återigen kan ställas ut och visas för allmänheten.

Ett minnesmonument över EVE

Vid hamnen i Reykjavik står ett minnesmonument med namnen på en halv miljoner personer inristade i sockeln. Det är den berömda isländska konstnären Sigurður Guðmundsson som skapat skulpturen som består av två fem meter höga former, den ena i mörkt aluminium och den andra i mörk granit. De två formerna skiljs åt av en blankpolerad rostfri stålskiva som reflekterar omgivningen. Verket heter *Worlds Within a World* och avtäcktes onsdagen den 30 april 2014. Man undrar till vilken viktig historisk händelse monumentet har rests? Vilka är personerna bakom namnen och vilka bedrifter har de utfört som lett till att de fått sina namn inristade för evigt i sten? Om jag säger att det har skapats för att hedra en halv miljon rymdpiloter som kämpar i en framtid som ligger 23 000 år in i framtiden så tror du säkert att jag hittar på.

Bakom monumentet skymtar man huvudkontoret till CCP games som producerat dataspelet EVE som är ett MMORPG, alltså ett online dataspel där flera tusen personer kan spela samtidigt i en virtuell värld som utspelar sig i ett framtida universum. När man i april 2014 arrangerade en stor fanfestival för EVE-spelare i Reykjavik passade man på att avtäcka monumentet för att hylla alla spelare runt om i världen som spelat och stöttat spelet sedan det skapades 2003. Förutom att rista in alla aktiva spelares namn begravde man i sockeln en tidskapsel med en laptop som innehöll ett budskap till framtiden och som ska öppnas den 6:e maj 2039.

Konstnären Sigurður Guðmundsson fick uppdraget att i dialog med företagets art directors ta fram ett monument över EVE-spelarna. Guðmundsson har en bakgrund inom sextiotalets Fluxus-rörelse och har bland annat intresserat sig för naturen i sin konst, och hur den kan spegla själens inre. Han är en konstnär som har jobbat i många skilda medier som poesi, fotografi och performance. Guðmundsson har tidigare skapat offentliga skulpturer runt om i Europa som i Haag, Rotterdam och Malmö. I *Worlds Within a World* känner man igen en del formelement från hans tidigare verk, till exempel de mörka polerade ytorna. Att naturen och omgivningen speglas i den blanka stålytan är också något man kan hitta i tidigare verk av Guðmundsson. Här är det inte bara den själsliga världen som återspeglas hos betraktaren utan även den virtuella världen. Dataspelens fantasifulla världar är ju som titeln på monumentet antyder världar som finns inuti vår värld.

Vi är vana vid att monument med namn reses över människor som dött i krig eller som omkommit i katastrofer. I Washington DC hittar vi till exempel *Vietnam Veterans Memorial* som är en stor vägg där man ristat in namnen på alla de som stupade i Vietnamkriget. På *Estoniamonumentet* i Stockholm hittar man namnet på de som omkom när färjan Estonia förliste på Östersjön den 28 september 1994. Att resa ett monument, skapat av en internationellt känd konstnär, över spelare i ett dataspel som man gjort utanför CCP games kontor i Reykjavik är därför unikt, men det är förmodligen inte sista gången det händer. Många människor tillbringar allt större del av sina liv i olika online-spel. Här umgås man, skaffar sig vänner, hittar kanske en livspartner och dör. Det är inte ovanligt att kända spelare efter att de har avlidit i den riktiga världen får minnemärken eller uppmärksammas på olika sätt i dataspel. I till exempel spel som *World of Warcraft* (*WoW*) som skapades 2004 finns det flera olika minnesmärken uppförda till avlidna spelare eller spelutvecklare.

The Shrine of the Fallen Warrior är rest till Michel Koiter. En spelutvecklare som under arbetet med spelet plötsligt dog vid 19 års ålder av ett hjärtfel. Karaktären Dak Krause, en omtyckt spelare som dog av leukemi, uppmärksammades genom en storslagen minnesceremoni inne i spelet. Eftersom man i många online-spel som *WoW* ofta spelar tillsamman under flera år skapas många långa vänskapsband, och ett dödsfall sätter djupa spår hos de andra spelarna. Det finns därför ett behov av ceremonier, monument och minnesstunder för att hedra och minnas de bortgångna spelarna.

Worlds Within a World är nu inget monument över döda människor utan är rest för att hedra alla de "hjältar" som bidragit till att befolka EVEs virtuella universum. CCP games har dock lovat att man i framtiden även ska rista in namnen på alla de spelare som avlider i det verkliga livet, och då kommer monumentet med tiden att förvandlas till ett minnesmonument även över de fallna "hjältarna" i EVE.

Den flygande mattan i konsten

Ture Sventon hade en och Aladdin. En flygande matta. Ett magiskt textilt föremål från Orienten som långt innan tanken på flygplan och luftballonger svävade över de stekheta öknarna och genom de ljumma arabiska nätterna. Det var ett färdmedel som förde sin ägare genom fantasins rymder fyllda med spännande äventyr hämtade från den arabiska sagosamlingen *Tusen och en natt*.

Det är en sådan matta som någon med full kraft har kastat rakt in i väggen. Som ett krossat pussel, ser vi hur halva mattan har splittrats och bitarna far iväg åt olika håll. Precis i det ögonblicket har tiden frusit till is och mattan blivit hängande i luften medan delarna klistrar sig fast på väggen. Det är den bulgariska konstnären Pravdoliub Ivanovs verk *Fairy Tale Device Crashed* (2013) som jag står framför. I samma rum ser jag en variant på temat. Bakom ett plexiglas finns en matta som är sönderskuren och som har de karaktäristiska skarpa avlånga bitarna som uppstår när man krossar en spegel. För visst är det en sagodröm som gått i krasch. När barn i västvärlden tittar på den tecknade versionen av Aladdin så ser de fortfarande en hjälte som flyger omkring på sin flygande matta med sin vän, den magiska anden, och tillsammans slåss de mot onda skurkar och räddar prinsessan Jasmine. När barn i Afghanistan och Pakistan tittar upp mot himlen och ser en skugga högt uppe bland molnen då är det inte någon flygande matta och en hjälte från *Tusen och natt* som de tänker på. Utan siluetten av en drönare som med sina övervakningskameror spanar och kretsar över deras liv. En fiende som när som helst kan avfyra sina dödliga missiler som kan döda civila, kvinnor och barn, istället för farliga terrorister. Den orientaliska sagodrömmen om den flygande mattan har på många sätt kraschat och förvandlats till en mardröm i de länder där magin en gång skapades.

På Villa Empain i Bryssel pågår fram till den sjätte september 2015 utställningen *Heaven and hell: From flying carpets to drones*. Om du inte har hört talas om Villa Empain tidigare så är du nog inte ensam om det. Trots att jag besökt Bryssel några gånger kände jag inte till att museet existerade förrän jag fick möjlighet att se utställningen om flygande mattor i samtidskonsten. Villa Empain byggdes i början av 1930 talet av Louis Empain, en ung affärsman som gjorde sig en förmögenhet på att bygga järnvägar runt om i världen och som gillade konst. Louis bodde aldrig i huset utan det donerades redan 1937 till den belgiska staten för att användas till ett museum för konst. Efter många olika turer, bland annat som ambassad åt Sovjetunionen tog Borghossian foundation över byggnaden 2006. Den hade huset förfallit under flera år så man fick börja med en omfattande restaurering. Först 2010 kunde Villa Empain öppnas för allmänheten. Museet har som mål att skapa en dialog mellan öst och väst och en utställning om flygande mattor är ett perfekt exempel på hur den dialogen kan fungera i verkligheten.

Utställningen fokuserar på nya verk där den flygande mattan har tolkats i en samtida kontext men det finns även några äldre verk bland annat Viktor Vasnetsov oljemålning *The Magic Carpet* från 1880 som bygger på en rysk folksaga om hjälten Ivan Tsarevichs äventyr. Vasnetsov har målat Tsarevich som flyger genom morgondimman på sin matta på väg hem efter att fullföljt ett av sina svåra uppdrag, att fånga in eldfågeln. Det är fortfarande en romantiserad bild av den flygande mattan som vi ser på målningen. I utställningen hittar vi också filmaffischer från filmen *Tjuven från Bagdad* från 1924 där Douglas Fairbanks spelar huvudrollen som tjuven som blir förälskad i kalifens dotter. Filmen har sedan dess gjorts i flera olika versioner och samma historia hittar vi också i den populära Disneyfilmen och den tecknade serien om Aladdin.

Bilden av den flygande mattan som ett romantiserat sagomotiv har förändrats de sista åren vilket många av konstverken i utställningen visar. Det som länge var människans högsta dröm och en symbol för frihet, att kunna flyga högt uppe bland molnen, har för många blivit en symbol för övervakning, maktlöshet och fruktan. Det finns i många av konstverken ett likhetstecken mellan flygande mattor och drönare. I sitt verk *Rising Carpet* (2013) har Moussa Sarr kombinerat dessa två saker genom att på en liten bönematta montera propellrar i hörnen på mattan. Genom en fjärrkontroll kan man styra mattan som då förvandlas till en riktig flygande matta men mattan är också en quadrocopter, det vill säga en farkost med fyra propellrar, en design som är populär hos många hobbydrönare som man kan köpa i vanliga affärer. I Sarrs verk kombineras den östliga religionen och sagomotivet med den västerländska övervakningstekniken.

Farhad Moshiri har i verket *Flying Carpet* (2007), likt en mattförsäljare staplat 32 stycken orientaliska mattorna i en hög och sedan ur matthögen skurit ut konturen av ett flygplan. Han har sedan placerat det tredimensionella flygplanet av mattor bredvid matthögen. Precis som i Sarrs verk har Moshiri skapat något nytt genom att kombinera två kulturer. Den flygande mattan ur sagorna värld smälter samman med konturerna av ett militärt flygplan. Ur barndomens sagor och äventyr har Moshiri skurit fram konturerna av en mörk samtida verklighet.

Det skrämmande och hotande är också något man upplever när man står under Cai Guo-Qiangs *Flying Carpet* (2006) som är genomborrad av hundratals pilar. Man vet inte om mattan har bromsat upp pilarna eller om de kommer att fortsätta sin färd genom den tunna textilen. Risken finns också att mattan ramlar ner från taket och pilspetsarna genomborrar din kropp som en djävulsk fälla i en Indiana Jones film. Det är svårt att se det som annat än att den flygande mattan är under attack från en fiende och frågan är om den kommer att överleva och även i framtiden kunna flyga iväg med sin ägare in i fantasins fantastiska värld eller om den berövad sina magiska krafter kommer att falla till marken och blir trampad på som en vanlig matta. Den flygande mattan är en symbol för fantasi, hopp och framtidstro. Det är berättelsen om att även en simpel tjuv, en vanlig fattig människa, med hjälp av en magisk matta kan få gifta sig med en prinsessa och få halva kungariket. På många platser i orienten håller den drömmen nu på att slockna hos en hel generation av unga.

Det finns fortfarande några som kan se det magiska och vackra i de gamla orientmattorna. I den muslimska traditionen med en non-figurativ konst har mönstren och ornamentiken varit central när man skapar mattorna. Den persiska trädgården, som genom sina planteringar skapar en representation av världens fyra delar, med en fontän eller källa i centrum, har fungerat som en viktig förebild för många mattillverkare. Den symmetriska persiska trädgården och också inspirerar några av konstnärerna i utställningen.

Konstnären Macoto Murayamas har i verket *Botech Composition* (2013) använt ett datorprogram för att skapa nya symmetriska kompositioner för persiska mattor. I utställningen finns några stora fotografier som visar de nya mönstren men också en video där man ser hur mönstren förändras över tid. Det är en kalejdoskopisk drömvärld som växer fram och försvinner på skärmen. I verket *Shazdeh's Garden* (2009) återvände konstnären Monir Shahroudy Farmanfarmaian också till den persiska trädgårdens mönster för att skapa ett konstverk i form av en spegel där den symmetriska trädgården reflekteras. De här verken känns inte hotfulla utan fångar istället de kreativa och konstnärliga inslagen som är förknippade med den långa hantverkstraditionen som är omgärdad mattillverkningen i Orienten.

I utställningen finns det också exempel på hur man kan tillskriva drönaren positiva och kreativa egenskaper istället för bara negativa och destruktiva. Som alla nya tekniska landvinningar behöver drönaren inte bara vara ett hot utan kan också vara en möjlighet. Addie Wagenknecht har använt en drönare för att skapa en serie målningar som han kalllar *Black Hawk Paint*. Drönaren svävar över en vit målarduk som ligger på golvet och med en pensel sprider den ut färgen över duken med en teknik som påminner om Jackson Pollocks actionpainting. Verket fungerar som en performance där besökaren kan se hur drönaren målar live i galleriet. Resultatet blir abstrakta tavlor målade av en drönare som istället för att förstöra får möjlighet att skapa något nytt.

I konstnärsgruppen IOCOSE:s fotoserie *Drones Selfies* (2014) har drönaren också fått möjlighet att vara kreativ och lekfull. Fotoserien visar hur drönare flyger omkring i olika interiörer och tar selfies framför speglar. Istället för att vara ett militärt vapen som övervakar och jagar fiender får drönarna fritt flyga omkring. Det visar sig att de, precis som människor, är mer intresserade av att leka med tekniken och hitta ny kreativa möjligheter, som att tar selfies, än att ägna sig åt tråkiga och rutinmässiga bevakningsuppdrag.

När man vandrar genom utställningen *Heaven and hell: From flying carpets to drones* känns det som om kuratorerna har dammsugit konstvärlden efter flygande mattor i konsten. Det är en bred och spännande utställning och som titeln säger pendlar den mellan himmel och helvete, mellan hopp och förtvivlan. Det är en utställning där föreställningar och idéer från öst och väst möts. I många fall känns det som en konfrontation istället för en dialog eftersom det finns så många underliggande konflikter och problem i mötena. Men det finns fortfarande en strimma av hopp i utställningen. Drömmen om den flygande mattan kan kanske trots allt överleva dagens komplicerade konflikter mellan öst och väst, men som alla myter och sagor kommer den att anpassas efter sin samtids idéer och uttryck. Vår tids Aladdin flyger kanske fram på en quadrocoptermatta precis som Moussa Sarrs *Rising Carpet* för att rädda sin prinsessa, eller det borde det väl snarare vara så att det är prinsessan som svävar fram med drönarteknik för att rädda sin Aladdin. För en värld utan magi, där en vanlig gammal matta plötsligt kan få magiska krafter och börja flyga, verkar lika fruktlös och steril som en arabisk öken utan en grönskande oas.

I klammeri med rättvisan

Parkeringsvakten i den tyska staden Karlsruhe hade kanske bara en dålig dag när han satte en böteslapp på 30 Euro på vindrutan till den knallröda minilastbilen som stod felparkerad vid Karlsruhes torg. Att framhjulen stod på trottoaren och bakhjulen bokstavligen befanns sig långt uppåt väggen på husfasaden fick inte parkeringsvakten att reflektera över att det här kanske inte var någon vanlig bil som han bötfällde. Den röda lastbilen med det böjda underredet visade sig vara tillverkad av den österrikiska konstnären Erwin Wurm och en del av en utställning som arrangerades för att fira stadens 300 års jubileum. Den röda lastbilen är bara en i raden av fordon som Wurm har deformerat och ändrat på olika sätt. Han har böjt lastbilar och vinklat folkvagnsbussar på mitten, han har gjort vanliga bilar bubbliga, så att det ser ut som någon har pumpat upp bilen som en luftmadrass och han har skapat bilar som är alldeles skeva och lutar betänkligt. Wurm skapar skulpturer med den välkända bilformen som bas, en form som han sedan manipulerar på olika fantasifulla sätt så att bilarna i princip blir obrukbara. Besökaren och parkeringsvakten tycker att de ser en bil, men ändå inte riktigt.

Dagens samtidskonst kan ibland vara svår att identifiera när den befinner sig utanför konstscenens kontext. Det är kanske inte så underligt att parkeringsvakten tog fel för dagens myndigheter och lagstiftning är inte direkt van att konfronteras med alla de kreativa och mångfacetterande uttryckssätt som samtidskonsten har. Även om konsten befinner sig inne på ett museum kan det ibland bli problem med rättvisan. Jag vet inte om tyska domstolar i allmänhet har svårt med samtidskonsten men i konsthallen i Mannerheim ledde ett hål till en juridisk dispyt.

Konstnären Nathalie Braun Barends skapade år 2006 ett platsspecifikt verk som bestod av ett hål *HHole for Mannheim*—där hon borrade ett hål som sträckte sig flera våningar genom konshallen. När konsthallen skulle renoveras beslöt man att gjuta igen hålen. Konstnären stämde då konsthallen och menade att det var ett brott mot upphovsrätten att ta bort hennes verk, eftersom avsaknaden av något, det vill säga, ett hål också kan vara ett konstverk. Domstolen i Mannheim höll nu inte med konstnären utan resonerade så att något som inte existerar inte kan ha ett konstnärligt värde. Helt lottlös blev nu inte konstnären utan hon fick en ersättning för sitt konstverk som motsvarade hennes utgifter för rättegångskostnaderna. Om domstolens utslag, om att något som inte existerar inte är konst, skulle bli gängse praxis, då är risken stor att många idébaserade och hålformade verk runt om i världen kommer att upphöra att vara konst.

En konstnär som gärna går i klinch med rättvisan och inkludera själva rättsprocessen i sitt konstnärskap är Lars Vilks. Hans träskulpturer *Nimis & Arx* som han började bygga av drivved 1980 i naturreservatet ute på Kullaberg har blivit en långbänk i domstolskorridorena. De har tragglats i ett antal rättsdistanser tills Vilks slutligen förlorade målet. Myndigheterna beslutade att de höga trätornen skulle tas bort eftersom det saknade bygglov, men än har inget hänt. Att konstverken är kommunens främsta turistattraktion och berömda långt utanför Sveriges gränser bidrar säkert till att man inte är allt för ivrig att verkställa beslutet.

Det sägs att det är tillfället som gör tjuven och konstnären Dan Wolgers såg väl sin chans att dryga ut sin skrala inkomst när han medverkade på grupputställningen Se Människan (1992) på Liljevalchs konsthall i Stockholm. Han tog helt enkelt med sig två arkitektritade bänkar från konsthallen och sålde dem på ett auktionsverk. Wolgers ansåg att bänkstölden var en konstpolitisk handling och en protest mot de låga utställningsarvodena i landet. Så istället för att skapa ett verk som skulle bli en ekonomisk förlust för honom som konstnär, så tog han istället med sig något från konsthallen för att få ekonomin att gå ihop. Domstolen ansåg att en stöld är en stöld oavsett om det är en konstnärlig aktion eller inte och dömde Wolgers till villkorlig dom och dagsböter. Eftersom en konstnär i princip kan göra allting till konst så sålde Wolgers domslutet till sin gallerist. Precis som i Vilks fall blev även Wolgers rättsprocess i slutändan en del av konstverket.

En annan konstnär som försökt komma undan med riktigt grov brottslighet genom att hävda att det är konst är den amerikanska konstnären och den tidigare MIT professorn Joseph Gibbons. Gibbson började för några år sedan, som ett pågående konstprojekt, att skapa filmdokumentärer om sitt eget liv. En professors liv är kanske inte så intressant så Gibbons beslöt att börja använda droger för att piffa upp och förbättra sin tråkiga biografi. Det hela verkar dock har urartat för i början av 2015 greps Gibbson för väpnat bankrån. Gibbson hävdade under utredningen att det hela var en del av hans konstprojekt. Brottet fastande inte bara på bankens övervakningskameror utan filmades även av Gibbsons egen filmkamera som han hade med sig. Det är inget tvivel om vem bankrånaren är på filmen eftersom det skedde i fullt dagljus och Gibbson var helt omaskerat när det ägde rum. Frågan är väl om det är konst? Under sin fängelsevistelse lär Gibbson få gott om tid att fundera kring den konstteoretiska kontexten för att kunna övertyga konstvärlden om att ett bankrån kan vara del av ett konstprojekt.

Inte för att jag vill förnärma någon konstnär men det verkar som om det finns en del likheter mellan brottslighet och konst. I bägge fälten finns det många som försöker utforska samhället begränsningar och genom olika kreativa lösningar agerar i en gråzon mellan lag och brott, rätt och fel. Att testa gränser ingår så att säga både i konstens och den kriminella världens palett. Det finna en hel del exempel på konstnärer som medvetet rör sig i lagens gråzon för att utforska dessa gränser.

Vapenlagarna i Nederländerna är väldigt strikta både när det gäller vapen på gator och i gallerier. Du får inte ens inneha ett funktionsodugligt vapen i din ägo. Den holländska konstnären Art van Triest, som har ett stort intresse för vapen och pussel, kom på en briljant idé för att kunna visa vapen i sina utställningar utan att få problem med rättvisan. Han skaffade helt enkelt illegala vapen som han sågade sönder till pusselbitar. Enligt lagen så är det inget vapen så länge föremålet består av bitar, men så fort någon lägger pusslet och sätter ihop det till ett riktigt vapen bli han skyldig till ett vapenbrott och riskerar fängelsestraff. I van Triests vapensamling kan man bland annat hitta en *Puzzluger* (en Lugerpistol), en *Kalashnipuzzle* (en rysk Kalashnikov) och en stor Machetekniv som består av flera pusselbitar.

Vapen är bara en del av vad man kan hitta på den svarta marknaden. Idag sker mycket av handeln över nätet, och på nätets mörka sida, det som kallas för Darknet, kan man få tag på det mesta. Darknet var från början ett försök att skapa ett anonymt internet där ingen kunde spionera på vad du gjorde. För människor som lever i dikaturer och som vill kunna kommunicera utan risk för repressalier är det en värdefull plattform, men samma sak gäller även för människor som vill hålla sig undan rättvisan. Det Schweiziska konstnärskollektivet !Mediengruppe Bitnik beslöt sig för att göra ett konstverk som utforskade den mörka sidan av internet. De skapade en automatisk programvara som de kallade *Random Darknet Shopper* (2014) som varje vecka fick en summa pengar för att slumpmässigt kunna shoppa loss på Darknet. I konstnärsgruppens brevlåda hamnade ett urval produkter som var mer eller mindre olagliga som piratkopierad kläder och väskor, illegala cigaretter, ett falskt pass och en kondom med 10 ecstasypiller. Något åtal verkar inte ha väckts mot gruppen vilket kan bero på att det kan vara svårt att bevisa vem som egentligen köpt sakerna. Man kan inte gärna kasta ett dataprogram som slumpmässigt handlar på nätet i fängelset?

Übermorgen.com är en annan konstnärsgrupp som undersökt internets juridiska gråzoner. I projektet *Amazon noir* (2006) - den stora bokstölden - skapade man ett dataprogram som automatiskt samlade in digitala kopior av böcker från nätbokhandeln Amazon. Amazon har en tjänst på sin hemsida som gör det möjligt för dig som kund att förhandsgranska några sidor i böckerna innan du bestämmer dig för att köpa den. Du kan bara läsa några sidor åt gången och aldrig hela boken, men ett smart dataprogram kan lura databasen och återkomma flera gånger tills det har hämtat ut alla sidorna i boken. Sidorna kan sedan sammanställas till en digital kopia och publiceras på nätet. Nu ger man sig inte ostraffat på en av de amerikanska e-handelsjättarna. Utan Amazon svarade med ett helt batteri av hot och jurister och böckerna fick plockas bort men som vi tidigare har sett ger en juridisk strid bara extra krydda till konstprojektet. Sidan *Amazon noir* finns kvar, utan böcker, istället har den juridiska processen inkluderats och blivit en del av konstverket.

Ett verk som kan bli en betydligt svårare nöt för en jurist att knäcka är Eva och Franco Mattes projektet *Stolen Pieces* (1995-97). Konstnärerna påstår att de under flera års tid lyckats stjäla små bitar och fragment av kända konstverk från olika museum. I deras samling hittar man små delar av verk från Kandinsky, Duchamp, Beuys, Rauschenberg, Warhol och Koons. Dessa små bitar har sedan blivit ett konstverk i sig själv som ställts ut på ett galleri. Man kan tänka den svindlande tanken att någon annan konstnär skulle stjäla Eva och Franco Mattes konstverk och i sin tur göra ett nytt konstverk av det. Vems konstverk är det då som är stulet och vem är tjuven?

Den transparenta konstnären

Konstnären Hasan Elai har ett problem. Efter den 11 september 2001 hamnade han som många andra oskyldiga på FBI:s lista över misstänkta terrorister. Elai bor i USA men kommer ursprungligen från Bangladesh så till skillnad från vita medelålders män fastnade han ofta i flygplatsernas säkerhetskontroller på grund av sitt utseende. Är man dessutom konstnär och reser mycket blir det i längden ett problem. För har man väl kommit med på FBI:s lista över terrormisstänkta är det svårt att bli borttagen. Elai startade därför ett övervakningsprojekt där han övervakade sitt eget liv och gjorde det publikt så att FBI inte skulle behöva oroa sig över vad han var eller vad han gjorde. På hans hemsida kan man se var han befinner sig genom den GPS han alltid bär med sig och här finns också en mängd dokumentation som kontoutdrag och bilder från hans vardagsliv som bevisar att han inte håller på med några terroristförberedelser.

En annan konstnär som ägnar sig åt självbevakning eller lifelogging är Alberto Frigo. För Frigo är det inte massbevakningen av medborgarna som står i fokus utan istället handlar hans projekt om att skapa en form av dagbok som dokumenterar delar av hans liv. Han började 2003 med att fotografera alla objekt som hans högra hand använde. Under åren har han lagt till nya saker som han lägger till i sin ständigt växande livslogg som fotografier av nya bekantskaper, former på olika moln på himlen han har sett, sånger han hört eller bortslängda saker som han hittat på trottoaren. Denna ständigt växande fotodokumentation blir som en loggbok över hans liv.

Inom konsthistorien brukar man ibland använda sig av den biografiska metodologin som innebär att man tolkar konstverken utifrån konstnärens eget liv. De flesta skulle nog hålla med om många konstverk speglar och dokumenterar konstnärens liv. Det är förstås en stor skillnad på att skildra en upplevelse i ett konstverk och att låta betraktaren ta del av ens vardagsliv. En del konstnären har därför valt att flytta in i galleriet eller bosätta sig i en glaslåda ute i det offentliga rummet för att låta besökaren komma dem in på livet och ta del av deras vardag. Litan Dotan och Eyal Perry har under många år arbetet med projektet *Glashuset* som har genomgått många olika faser och former under åren.

I fas 2 från 2008 skapade man det *Det fysiska glashuset* där hela deras hem blev en konstinstallation. I deras femrumslägenhet på 8 Hashomer Street i Tel-Aviv kunde publiken komma på besök och ta del av performance och guidade visningar. Konstnärerna gjorde även webbsändningar varje vecka med olika performance från lägenhetens kök, vardagsrum och badrum. Projektet varade i nio månader innan konstnärerna blev vräkta av värden för att man sysslade med obehöriga aktiviteter. I fas 3 gjorde man om ett galleri i San Fransisco till bostad och arbetsplats så att besökarna som passerade galleriets fönster kunde ta del av deras liv och konst. Det gick även att komma in och hälsa på och i vissa speciella fall övernatta i en extra säng i galleriet. I fas 6 som ägde rum 2011 flyttade man in en butik i gatunivå i Tel Aviv.

Även här kunde besökarna under sex månader genom en glasvägg se vad konstnären höll på med. Dotan och Perry vill riva ner gränserna mellan konsten och vardagslivet. Deras bostad blir ett galleri och deras liv konstverket. Det skapar en transparens och ett gränslöst möte mellan betraktaren och konstnären. Deras glashus påminner om en konstens version av en reality TV-serie.

De senaste årens tekniska utveckling inom kommunikation och sociala medier har gjort det möjligt att krypa ända in under skinnet på konstnärer som i extremfallet med Hasan Elais konstprojekt. Det hela följer samhällsutvecklingen där gränsen mellan det privata och offentliga under många år har suddas ut. Det hela började under 90-talet med de privata bloggarna på nätet, för att sedan övergå till livesända webkameror från vardagsrummet som till exempel *jennicam* som startade 1996 av studenten Jennifer Ringley och sände fram till 2003. *Jennicam* var en livesänding där man fick en direkt inblick i en ung amerikansk kvinnas liv. Den här typen av privata websändningar där man kunde följa vanliga människor direkt vi nätet och komma in i deras hem följdes så småningom upp av TV som skapade orkestrerade reality shower på bästa primetime som *Big Brother* och *Paradise Hotel* där deltagarna följdes dygnet runt av kameror.

Webkamerorna fångar egentligen bara ytan och säger egentligen ingenting om vad som pågår i vårt inre. Vill man känna en människas innersta tankar måste man dyka längre ner i deras medvetande. Vårt digitala liv avslöjar nu en hel del av våra vanor och tankar och är en guldgruva för de kommersiella företagen. Om man som konstnär vill bjuda in åskådaren att ta del av sitt liv och göra det transparent så kan man bjuda in dem att även ta del av det digitala livet. Evan Roth publicerade boken *Since You Were Born* som bestod av konstnärens surfhistork under tre månader med början med att hans dotter Octavia föddes i juli 2013. Den här typen av digitala biografier brukar man kalla för autobotography eftersom det ofta är en bot, det vill säga ett dataprogram som automatiskt samlar in den digitala informationen om konstnärens förehavanden på nätet. Information sammanställs sedan till ett biografiskt utsnitt av konstnärens liv. *Since You Were Born* är en form av dagbok där konstnärens aktiviteter på internet skildrar hans vardag under de tre första månaderna som förälder.

Konstnärerna Jonas Lund och Eva och Franco Mattes går steget längre och bjuder in åskådaren att i realtid följa vad de gör på nätet. Lund skapade projektet *Selfsurfing* (2012) där besökaren under 24 timmar kunde se och följa vad konstnären gjorde i sin webläsare. På internet kunde man se en kopia av Lunds webläsare och vilka sidor som han besökte. *Public Access Me* (2013) var en fortsättning av *Selfsurfing*, här var det webläsarens historik som Lund gjorde tillgänglig för allmänheten. Precis som i Roths projekt blev Lunds webhistorik publik och det skapades automatiskt en autobotography över Lunds liv.

Eva och Franco Mattes valde inte att öppna sitt hem för publiken utan kanske något ännu mer privat, nämligen sin dator. I *Life Sharing* (2000-2003) blev deras privata digitala liv ett offentligt konstverk. Vem som helst kunde när som helst på dygnet surfa in på deras dators hårddisk och ta del av filer, mail och fotografier. Besökaren kunde söka, läsa och fritt kopiera materialet från datorn. Nu var det här en dator som användes av konstnärerna i deras yrkesliv och innehöll inte så mycket privat information. Även om datorn fortfarande är viktig i våra liv har mobilen de senaste åren tagit över mycket av datorns funktioner. Mycket av våra liv kretsar kring vad vi gör med våra mobiler och vi sparar mycket privat information på enheterna som bilder, kontakter och meddelanden. För många är tanken att förlora sin mobil som att förlora en stor del av sitt liv.

Mellan juni 2012 och juni 2013 gjorde därför konstnären Johannes P Osterhoff en on-line performance där hans iPhone var i centrum. Han installerade en app på sin telefon som varje gång han klickade på home-knappen tog en screenshot av telefonens skärm och laddade upp den på hemsidan http://iphone-live.net. Besökarna kunde precis om i fallet med Lund och Roth följa konstnärens digitala privatliv och se vad han gjorde med sin telefon. Skärmdumparna från iPhonen bildade på så sätt ännu ett exempel på ett autobotografiskt konstverk.

Även om man som konstnär väljer att vara transparent så finns det ofta fortfarande en gräns kvar mellan konstnären i hans yrkesroll och privatpersonen. När konstnärer som Litan Dotan och Eyal Perry väljer att leva i ett glashus och göra sina liv offentliga under flera månader är det fortfarande frågan om ett konstprojekt och de agerar som konstnärer. Som alla personer behåller de fortfarande en privat sfär som man skyddar och som man bara delar med ett fåtal personer i sin närvaro. Gränserna blir dock allt tunnare och tunnare och dagens teknik gör att vårt innersta privata blir allt snävare och snävare när allt mer av våra liv delas på nätet.

För den som vill övervaka någon finns det avancerade spionprogram som man kan installeras på deras dator eller mobil och som samlar upp information från tangentbordstryckningar till att skicka skärmdumpar. Programmen kan användas av polisen för att samla in bevismaterial om brottslig verksamhet, men även av kriminella organisationer för at få tag i inloggningsuppgifter till bankkonton eller kanske för utpressning. Man behöver nu inte avlyssna någons dator för att få veta en hel del om någons privatliv. I många fall räcker det att man följer dem i sociala nätverk som Twitter, Instagram eller Facebook. Vi har nämligen en tendens att på nätet berätta och dela med oss av fotografier och filmer som berättar många personliga saker till en stor krets människor som vi kanske i vanliga fall inte skulle ha gjort.

Konstnären Molly Sodas projekt *Should I send this?* är en samling texter och bilder som hon egentligen är rädd att dela med sig av. Det rör sig bland annat om selfies där hon poserar halvnaken eller med orakad bikinilinje och små texter med intima tankar och händelser. Nakenbilderna är i sig själv inte anmärkningsvärda utan det finns gott om grövre selfiesbilder av nakna unga kvinnor framför spegeln på nätet. Det som Molly Soda belyser är det sociala trycket på unga kvinnor och hur gränsen hela tiden tänjs för den privata sfären. Kändisar som Kim Kardashian har byggt stor del av sitt kändisskap på att publicera utmanade selfies på sitt Instagram-konto. Idag förväntas man nämligen inte bara dela med sig av sitt privatliv utan även sin kropp på nätet. Egentligen vill man kanske inte det, men eftersom alla andra verkar göra det är det svårt att undkomma det sociala trycket. Att dela med sig av det privat och sin nakna kropp kan leda till uppmärksamhet och positiva kommentarer från andra, men chansen är lika stor att bli uthängd som slampa och trakasserade för sitt utseende.

För alla strävar vi väl efter att få befinna oss i de där 15 minuterna i rampljuset som konstnären Andy Warhol uttryckte det. Warhol var tidigt ute med att experimentera med film och gjorde en del dokumentärer som kan ses som föregångare till reality TV. I filmen *Sleep* från 1963 har Warhol filmat sin vän John Giorna som ligger och sover i fem timmar och 20 minuter. I flera av Warhols filmer från sextiotalet har han filmat många av sina vänner i privata sammanhang. Det blir en form av biografiska porträtt av konstnären genom hans umgängeskrets. Warhols filmer är på så sätt ett tidigt exempel på den transparenta konstnären som släpper in åskådaren i sitt privata hem och liv. Trots att Warhol varit död sedan 1987 så får han ändå sista ordet. För efter sin död fortsätter han att vara i blickfånget. Sedan något år tillbaka finns det en webkamera ute på kyrkogården i Pittsburgh där Andy Warhol är begravd. Genom webkameran kan man dygnet runt se hans gravsten och alla de hundratals människor som varje år valfärdar till Warhols grav och på så sätt interagera med konstnären. Även efter döden fortsätter gränsen mellan det privata och offentliga att suddas ut, inte ens i döden verkar vi få ha vårt privatliv i fred.

Döskallar i konsten

Golgata lär betyda skalle och kommer av att kullen där Jesus blev korsfäst liknade en skalle. En annan förklaring kan vara att det var en avrättningsplats och då precis som nu symboliserade skallen döden. På äldre målningar av korsfästelsen ser man ibland en döskalle som ligger precis nedanför Jesus kors. I både Lucas Cranach d.ä målning av korsfästelsen från tidigt 1500-tal och den italienska renässanskonstnären fra Angelicas målning med samma motiv från 1420 hittar vi detaljen med döskallen. Under hela konsthistorien följer döskallen med oss som en påminnelse om vår dödlighet.

Döskallen som motiv fick en storhetstid under 1600-talet då vanitasmotivet blev populärt hos de holländska målarna. Det latinska ordet vanitas betyder ungefär fåfänglighet eller tomhet och hör ihop med det latinska uttrycket memento mori – kom ihåg att du ska dö. De holländska målarna skapade stilleben som bestod av olika döda saker som man arrangerade till bilder som skulle påminna oss människor att allt är förgängligt och att vi så småningom kommer att dö. Målningarna innehöll många olika föremål med symboliska betydelser. Det var också vanligt med döda djur, maträtter, frukter och blommor i olika faser av sin livscykel. På samma målning kunde man hitta blomsterknoppar till helt utslagna blommor, fasta saftiga äpplen bredvid maskätna halvruttna. Men var vore en vanitasmålning utan en döskalle?

Adriaen van Utrecht målning *Vanitas komposition med blommor och skalle* från 1642 är ett bra exempel. Här ser vi en döskalle utan underkäke som ligger på en bok omgiven av olika föremål som symbolisera rikedom som glas, pärlor och mynt. En klocka och ett timglas påminner oss om att vår uppmätta tid snart är slut och blommorna i vasen om livets olika faser. Även om målningen är vacker och konstnären briljerar med att avbilda olika ytor, reflektioner och texturer i föremålen, så är det i botten en riktigt deprimerad bild. För det som konstnären säger oss är: Titta på allt det vackra i världen, alla rikedomar runt omkring dig, all kunskap, all mat, dryck och alla nöjen som finns i ditt liv och titta sedan på döskallen på bordet. Allt är förgängligt och kommer snart att rykas bort från dig. Du dör snart och blir till ett skelett i jorden.

Aelbert Jansz van der Schoors går ännu mer direkt på saken i sin vanitas stilleben från 1672. Han staplar helt enkelt upp en hög döskallar och knotor på ett bord. I bakgrunden ser man ett timglas och till höger ett ljus som är nästan nedbrunnet. Det vackra i livet har i målningen begränsat till två vissna rosor i förgrunden. Här finns ingen skönmålning utan döden ligger osmyckad uppdukad på bordet för betraktaren. En benskrammelhög är allt som kommer att blir kvar av dig när du är död och som du ser på ljuset så är det inte långt kvar. Snart är din timme slagen och allt är förbi.

Jag undrar om inte de holländska konstnärerna överdrivna användning av döskallar med tiden gjorde att den förvandlades till ett kitschattribut? För idag ser vi döskallar överallt i vår vardag från skivomslag, till ljushållare, växelspaksknoppar och tatueringar. Ingen tar väl en döskalle på allvar idag och reflekterar över livets korthet? Den har istället blivit en tom symbol som frekvent används i populärkulturen. Även i samtidskonsten har döskallen i många fall förvandlats till en symbol som balanserar på gränsen till kitsch.

Den brittiska konstnären Damien Hirst har förmodligen skapat den dyraste döskallen i världen. Verket *For the Love of God* (2007) består av ett kranium som är täckt med 8600 diamanter till ett värde av 15 miljoner pund. Det är tänkt som ett memento mori verk, men de flesta som ser skallen tänker nog inte på döden när de se den gnistrande bling-bling skallen utan på rikedomar och överflödig lyx. När Cornelius Vreeswijk i visan *"En fattig trubadur"* sjunger att " Du kan ingenting ta med dig dit du går / Nej du kan ingenting ta med dig dit du går" så är det samma budskap som de holländska konstnärerna förmedlar i sina vanitas målningar. Den kristna tanken om att du återvänder till döden naken och tomhänt precis som när du föddes. Damien Hirst konstverk verkar istället säga att precis som de egyptiska faraonerna kan du att ta med dig din förmögenhet in i döden. Istället för en prålig guldmask skulle du kunna smycka ditt kranium med diamanter.

Det finns andra samtida konstnärer som har utsmyckat döskallar. Gabriel Orozco som är en mexikansk konstnär har skapat verket *Black Kites* (1997) som är en döskalle smyckad med ett svartvitt schackmönster. I Mexico finns en lång tradition att fira de dödas dag, *Día de Muertos*, som infaller runt den första november varje år. Till skillnad från det dystra västerländska memento mori budskapet är de dödas dag en festdag då man samlar ihop familj och vänner för att hedra de döda och hjälpa dem passeras över till den andra sidan. En del av traditionen består av skapa döskallar av socker som är utsmyckade i starka färger och mönster. Även om Orozco hävdar att det inte är den mexikanska traditionen som inspirerat honom så är det svårt att inte dra en parallell mellan Orozco utsmyckade döskalle och den mexikanska folktraditionen.

I den belgiska konstnären Jan Fabres serie *Gravetomb and skull* från 2000 har han skapat ett antal kranium som han klätt med färggranna vingar från skalbaggar. I käften på kraniet hittar man sedan uppstoppade djur som en katt eller fågel. Det är som om döden fångat djuren och de sitter nu som en trofé på väggen för att påminna oss om våra livs korthet. Det är verk som visserligen är vackra men precis som Damien Hirsts diamantskalle balanserar konstverken på kitschens brant. Fabre har även skapat en annan färggrann döskalle som påminner om verken från *Gravetomb and skull*.

Van Gogh museet i Amsterdan bjöd 2015 in 23 konstnärer för att skapa ett konstverk som svar på något i van Gogh brevkorrespondens. Fabre skapade till utställningen *Skull with brush (artificial hair)*. Det är en skalle täckt av skalbaggsvingar som håller en stor pensel i munnen. Fabre verkar vilja säga att även om konstnären dör så lever hans verk kvar till omvärlden. Van Gogh målade också en döskalle under sin livstid, eller rättare sagt ett skelett. Det var 1886 som han målade ett skelett i halvfigur som röker en cigarett och som skulle passa bra i en anti-rök kampanj.

Vardagliga föremål som stekpannor, konservburkar och cyklar är något som den indiska konstnären Subodh Gupta återanvänder i sin konst. I verket *Very Hungry God* (2006) har han använts sig av hundratals tomma konservburkar för att bygga upp en stor döskalle. Alla dessa tomma matkonserver som till slut tar formen av en döskalle känns som en metafor för att vi, i alla fall i västvärlden i många fall håller på att äta ihjäl oss. Det är inte 1600-talets enkla infektioner som vi behöver vara rädda för, då läkarna idag kan bota de flesta vanliga åkommorna, istället är det vår livsstil som tar död på oss.

Precis som van Gogh finns det många exempel på konstnärer som någon gång under sin karriär har avporträtterat en döskalle som Robert Mapplethorpe svartvita fotografi *The Skull* (1988), James Ensor målning *Masks Mocking Death* (1888) eller Andy Warhols screentryckt *Skulls* (1976). Döskallen återkommer regelbundet i samtidskonsten i olika skepnader. Under den pågående 56:e Venedig biennalen ställer till exempel konstnären Marlene Dumas ut ett helt rum i den centrala paviljongen bestående av en serie med ett fyrtiotal små målningar med titeln *Skull* (2013–2015). Längs väggarna hänger rader av porträtt i form av döskallar i profil eller sedda rakt framifrån. Varje kranium är unikt och har en egen personlighet. Temat för årets Venedig biennal har kuratorn Okwui Enwezor sammanfattat i rubriken *All the*

World's Futures. Sett i det perspektivet så framstår Dumas målningar om världens framtid som lika dyster och mörk som de holländska vanitasmålningarna från 1600-talet.

Även om döskallen fortfarande verkar vara ett betydelsefullt motiv inom konsten som symbol för döden, måste man ändå konstatera att genom århundranden har dess symbolik blivit betydligare blekare och svagare. Pablo Garcia, professor vid konstinstitutet i Chicago har kanske kommit på lösningen på hur vi i vår samtid ska bli mer medvetna om vår dödlighet. Hans *Memento Mori (Selfie stick)* består av en selfiepinne där man fäster en anamorphic bild, dvs en perspektivbild som framstår som snedvriden tills man befinner sig i en speciell position. När man håller upp selfiepinnen för att ta en selfie framträder på skärmen en döskalle bredvid ditt ansikte. På så sätt kommer dina självporträtt alltid att bli en form av memento mori, fotografier som påminner dig om att ingenting är för evigt och att du ska snart ska dö.

Solskensbiografer och överlevnadsateljéer

Mörkret sänker sig över träden, projektorlampan blixtrar till och på den vita duken sprider sig en väv av berättelser. Men det inträffar förstås bara om det har varit en solig dag. Kalle Brolin och Kristina Müntzing utomhusbio *Sunshine Socialist Cinema* drivs med solceller och måste laddas upp under dagen för att kunna fungera på kvällen. I normala fall huserar biografen i den skånska orten Höja men har under sommaren turnerat runt i Sverige i en specialbyggd folkbuss med solceller på taket. I augusti gjorde bion ett gästspel utanför Moderna Museet i Malmö. Fördelen med en solskensdriven utomhusbio är att det är möjligt att visa filmprogram på platser där det är i vanliga fall är svårt att dra fram el eller där det helt enkelt inte finns någon elektricitet. Bakom biografen finns ett socialistiskt engagemang, en omfördelningstanke där dagens stora överskott av energi, lagras för att sedan omfördelas och delas ut när det är mörkt. Sedan är det också ett miljövänligt konstverk och filmprogrammen tar upp angelägna frågor som energiförsörjning, klimatförändring och ekologi. Konstnärerna har också tagit fram en manual, en DIY guide, så att vem som helst ska kunna bygga sin egen solskensdrivna biograf och sprida lite upplysning i mörkret.

Miljöfrågor ligger högt på agendan även inom konsten och det finns många konstnärer som försöker dra sitt strå till stacken genom att skapa ekologisk eller miljövänlig konst som använder sig av ren energi och hållbara material. Solen är som bekant en ren energiform och det finns gott om solenergi. Forskare har räknat ut att man skulle behöva bygga solpaneler på 1 % av Saharas yta för att tillgodose energibehovet i USA och Europa. Konstnären Joseph Delappe gjorde under våren 2013 en performance, *Project 929: Mapping the Solar* (2013), där han cyklade 460 miles genom Mojaveöknen i Nevada. Efter sin cykel drog han en anordning med en kalkkrita som på asfalten ritade upp en symbolisk linje runt det område som skulle kunna bli världens största solpanelspark. Amerikanska forskare har nämligen räknat ut att ett område på 100x100 miles med solpaneler skulle räcka för att producera tillräcklig med energi för att försörja USA.

Men varför vänta på att politiker och myndigheter ska börja agera? Konstnären Paul Villinski tog saken i egna händer och skapade en *Emergency Response Studio*. Han har byggt om en FEMA-trailer till ett självförsörjande mobil konstnärsstudio. Det var efter orkanen Katarina i New Orleans som den amerikanska katastrofmyndigheten FEMA tog fram mobila hus för många av de människor som blev hemlösa efter naturkatastrofen. Villinski som i vanliga fall återanvänder material till sina skulpturer byggde om trailern och använde sig enbart av miljövänliga och hållbara material. Han har också placerat solpaneler på taket och det finns ett minivindkraftverk som hjälper till att ladda batterierna. Den mobila konstnärsateljén är självförsörjande när det gäller energi och kan därför fortsätta att fungera som en kreativ plattform när strömmen försvinner efter den stora katastrofen.

Ett av de första konstverk som använder sig av solenergi verkar var skulpturen *SolarSail* som restes i staden

Muensingen i Schweiz år 1999. Det är en 22 meter hög mast med ett segel av solceller som fångar upp solens strålar och som sedan levererat ren energi till innevånarna. Det är ett verk som är skapat av arkitekten Peter Schürch och som visar att man kan kombinera det funktionella, att producera ren energi, med det estetiska, och använda ett konstnärligt formspråk som skiljer sig från de annars så tråkiga solcellspanelerna som man hittar på hustaken. I och med att solcellerna med åren har blivit mindre och mer effektiva har det efter *SolarSail* skapats många olika kreativa solskensdrivna konstverk.

För den isländska konstnären Olafur Eliasson står solen också i fokus. Hans installation *The Weather Project* i Turbinhallen på Tate Gallery i London 2003 fick stor uppmärksamhet. Verket bestod av en stor artificiell sol byggd av hundratals lampor som spred ett gulaktig sken och en apparat som skapade en fin dimma som drog in över Turbinhallen. Inom konsthistorien har solen haft en stor betydelse för konsten. Långt innan det elektriska ljuset var solen och dagsljuset en förutsättning för att kunna måla och än idag strävar många konstnärer efter att skaffa sig en ateljé med stora fönster för att få ett naturligt dagsljus. Det finns därför gott om solar som motiv i konsten. Monets intryck av en soluppgång i Le Havre 1872 fick ge namn åt en hel konströrelse. Tavlan hade titeln *Impression, soleil levant* och därmed fick konststilen impressionismen sitt namn. Kanske hade Eliasson sneglat på Monets målning innan han gjorde sin installation? Eller kanske på Edward Munch stora muralmålning i aulan på Oslos universitet? Munch målade 1909 en vägg i aulan där man ser en stor sol som stiger upp ur havet och sprider sin värme och ljus över världen.

Olafur Eliasson skapar inte bara artificiellt ljus för den västerländska konstvärlden utan har även engagerat sig för att sprida ljus till andra delar av världen. I västvärlden handlar solenergi främst om att försöka minska koldioxidutsläppen och stoppa klimatförändringarna men på många platser i världen finns det inte ens el. Man beräknar att runt en miljard människor saknar el i världen. Det finns nu många som har arbetat med att skapa billiga solcellslampor som ska kunna användas på dessa platser. Elisasson är en som bidragit med projektet *Little Sun* som är en led-lampa som till formen liknar en liten sol och som kan laddas under dagen och användas när mörkret sänker sig. *Little Sun* gör det till exempel möjligt för skolbarn att göra sina läxor eller läsa böcker efter mörkrets inbrott och lampan sprider därför, precis som *Sunshine Socialist Cinema,* en strimma upplysning i mörkret.

Även den belgiska konstnären Alexandre Dang har engagerat sig i miljöfrågor och ingår i den konströrelse som kallas Solar Art, alltså konstnärer som gör konst som använder sig av solenergi. Dang har i sina installationer *Dancing Solar Flowers* kombinerar formen av blommor med solceller. Hans installationer består av tusentals blommor som har en solscell och en lite motor. När solcellen träffas av solljuset börjar blomman att röra sig eller dansa om man vill. Dang säger att han inspirerats av andra konstnärer som Alexander Calder och Jean Tingeuley och deras kinetiska konstverk. Bakom de dansande blommorna finns också en pedagogisk tanke om att gör människor uppmärksamma på nya former av hållbar energi och Dangs engagemang går liksom Eliassons och många andra konstnärers utanför den traditionella konstscenen. Dang arbetar för den ideella organisationen *Solar Solidarity International* som arbetar med att öka medvetenheten kring solenergi och utveckla olika projekt runt om i världen som att bygga solenergianläggningar till sjukhus och skolor.

Självlysande kaniner och kvantkonst

Enligt en legend så bodde den kända franska astronomen och visionären Nostradamus i slottet Rivoli i Turin under 1562. Om han i sina visioner såg att slottet i framtiden skulle bli ett museum för samtidskonst är nog ganska osannolikt. För vill man veta hur framtidens konst kommer att se ut så har Nostradamus profetior inte speciellt mycket att säga om saken. Inte heller inom den litterära Science Fiction genren får framtidens konstscen speciellt stort utrymme. Jag kan faktiskt inte komma på en enda SF-roman där huvudkaraktären är konstnär. En förklaring kan vara att många framtidsskildringar är dystopier. Om jorden inte redan gått under i en apokalyptisk katastrof så styrs framtiden av totalitära makthavare som ser alla former av konst och självständigt tänkande som ett hot. Konstnärerna är för länge sedan fängslad och konsten förbjuden och censurerad. Medborgarna förvisas istället till snabba och ytliga medier som TV som inte ger utrymme för eftertanke och fördjupning som i Ray Bradbury roman *Fahrenheit 451* (1953).

De gånger jag har läst om framtidens konst i samtida SF-litteratur har jag dessutom blivit lite besviken. Ta den amerikanska och hyllade cyberpunkförfattaren William Gibson och romanen *Spook Country* från 2007. Huvudpersonen är journalisten Hollis Henry som fått i uppdrag av en tidskrift att skriva om locative art. Det låter ju spännande men tyvärr är det inte frågan om någon framtidskonst, utan Gibson är ganska sent ut. Locative art uppstod redan i början av 2000-talet. Det är helt enkelt konst som utnyttjar positioneringsteknik som vid tiden blev tillgänglig för allmänheten genom GPS-apparater. Konstnärerna kunde nu skapa konst som man bara kunde hitta med hjälp av en GPS eller där olika kordinater kunde bindas samman till ett osynligt konstverk som bara blev synlig om man hade en GPS och befann sig på rätt ställe i geografin.

Ett annat exempel hittar man i den första delen av Margret Atwoods trilogi *MaddAddam, Oryx and Crake* från 2003. I boken möter vi Amanda Payne, en illegal Tex-Mex invandrare som skapar biokonstinstallationer i det pågående projektet *The Living Word*. Bio-art låter intressant som om det kunde handla om genetiska modifikationer, men även här blir man besviken. För Paynes biokonst består av hon samlar ihop koben som hon lägger samman till stora bokstäver. Kobenen täcks med sirap som lockar till sig myror som äter upp sirapen. Hela förloppet filmas sedan från luften och visas på gallerier.

Om vill få en uppfattning om hur framtidens konst kommer att se ut får vi alltså lämna det litterära fältet och istället bege oss till "the final frontier" som man säger i TV-serien Star Trek, alltså till den yttersta gränsen för dagens vetenskap och upptäckter. Det visar sig nämligen att många konstnärer redan skapar konst som är mycket mer spännande än vad man kan hitta i SF-litteraturen.

Inom biokonsten kan man nämna Eduard Kac som år 2000 tillsammans med ett franskt labb skapade en GFP kanin. GFP är ett grönt självlysande protein som man kan hitta i naturen hos visa arter av fluorescerande maneter. Genom att genmodifiera en albinokanin med proteinet kunde Kac skapa en kanin som när den blir belyst med ultraviolett ljus kommer att skimra i grönt. Tanken med projektet var att väcka en diskussion kring genmodifikation med konstpubliken. För det är en vetenskap som kan användas till att skapa nya grödor som ger bättre skördar men även användas för att förändra människor. Tekniken väcker därför många etiska och moraliska frågor. En annan del av projektet var det sociala samspelet med kaninen som fick namnet Alba och konstnären. Precis som många andra husdjur behöver en kanin omtanke, värme och sällskap. Alba var inte bara ett vetenskapligt experiment i ett laboratorium utan även en unik individ, den första i sitt slag. Tanken var att kaninen och konstnärerna skulle bo tillsammans i ett uppbyggt vardagsrum i galleriet som en symbol för hur genmodifikationer smyger sig in i våra vardagsliv, men här börjar historierna gå isär. Labbet ville inte släppa ifrån sig kaninen och menade att den tillhörde labbet och inte alls var skapad speciellt för Kac. Kac fick därför nöja sig med att visa dokumentation om kaninen i utställningen. Kaninen Alba befann sig plötsligt i medialjuset, inte bara för att den utstrålade ett mystiskt grönt sken utan för att den blivit en del i dragkampen mellan konsten och forskningens intressen, som i slutändan verkade ha helt olika agendor.

DNA-tekniken är också ett område som de senaste åren tagit jättekliv framåt. Istället för att ha en oljemålning eller ett fotografi av dig själv över soffan kan du idag beställa ett unikt

DNA-porträtt. Det finns flera kommersiella företag som erbjuder dig att köpa ett DNA-porträtt bestående av din alldeles egna DNA-kod i tjusiga färger. Sedan finns det konstnärer som Heather Dewey-Hagborg som samlar in tuggummin, cigarettfimpar och hårstrån som hon hittar på offentliga platser. Proverna skickade hon till ett laboratorium som, precis som i en brottsutredning, tar fram en DNA-profil ur materialet. I projektet *Stranger Visions* (2012-2013) skapade Dewey-Hagborg skulpturer med hjälp av ett 3D-datorprogram och en del konstnärlig frihet av personerna som tuggade tuggummit eller rökte cigaretten. Vi är inte riktig där ännu att vi kan rekonstruera ett ansikte helt utifrån DNA, men tekniken har kommit så långt att vi kan skapa en sannolik bild hur ägaren till ett visst DNA ser ut. Det är en teknik som redan används idag för att ta fram realistiska porträtt av historiska personer som den berömda Ötzi ismannen. I framtiden räcker det förmodligen att skicka in ett hårstrå från en släkting från 1600-talet till en konstnär för att få ett realistiskt porträtt i retur.

Till ett av de mest spännande och märkliga vetenskapliga fälten måste ändå kvantfysiken räknas. Fysikern Niels Bohr (1885-1962) uttrycket det så här: *Om du inte blir chockerad av kvantmekanikens teorier, så har du inte förstått dem*. Å andra sidan lär en annan känd fysiker Richard Feynman ha sagt: *Om du säger att du förstår kvantmekaniken, så har du förmodligen inte förstått den*. De flesta har nog hört om experimentet med Schrödingers katt, som blir inlåst i en låda med ett dödligt gift och en utlösningsmekanism som bygger på radioaktivt sönderfall. Katten betraktas i kvantvärlden som både död och levande tills lådan har öppnats. Vissa forskare går så långt och menar att vår värld bara finns när någon observerar den och den annars befinner sig i ett tillstånd där alla möjligheter och historier existerar samtidigt.

Den holländska konstnären Diemit Strebe har tagit fasta på kvantfysikens märkliga värld i ett konstverk som hon 2014 placerade på den internationella rymdstationen ISS. *Wigner's friends* som konstverket heter är en utveckling av tankeexperimentet med Schrödingers katt och består av ett litet teleskop med ett datachips med 5 miljon pixlar och en ljussensor som kan fånga upp bakgrundsstrålning från universum. Enligt kvantfysiken sker något märkligt när partiklarna träffar sensorn i teleskopet. Något förenklat finns på datachipset samtidigt alla konstverk som har eller kommer att skapas i framtiden, men det gäller bara så länge ingen tittar. När någon tittar i teleskopet tvingas kvantfysiken att välja en bild och alla andra möjligheter försvinner. Att all konst som någonsin skapats eller kommer att skapas skulle finnas samlad i ett litet teleskop och bara väntar på att vi ska betrakta dem låter som rena rama Science Fiction.

I Moskva arrangerades 2014 en utställning där kvantfysiken också stod i centrum. En av de som ställde ut var den ryska konstnärsgruppen *Where Dogs Run* med verket "*1,4...19*". Deras verk bestod av en labyrint där en vit mus sprang omkring. Vid varje vägval, valde musen bort någon av vägarna i labyrinten, men då skapades virtuella möss som tog de andra vägarna och man kunde en kort stund följa deras alternativa väg på videoskärmen. Idén om parallella universum som skapas varje gång vi gör ett val har länge funnits i vår föreställningsvärld. Filmen *Slidings doors* (1998) med Gwyneth Paltrow i huvudrollen är ett exempel. Filmen handlar om en kvinna som antingen hinner med pendeltåget eller så missar hon det. I filmen får vi följa bägge valen och vilka konsekvenser det får för handlingen och hennes liv. På samma sätt visualiserar *Where Dogs Run* de många val och verkligheter som aldrig blir av i våra liv. I kvantfysikens värld tillåts alla val att existera samtidigt men i verkligheten får vi stå vårt kast och kan bara välja en väg.

De senaste åren har CERN, den stora partikelacceleratorn som är byggd djupt ner i Schweiz urberg, varit kvantfysikens Mecka. Tusentals forskare från hela världen har under ett drygt decennium försöka bevisa förekomsten av Higgs partikel, som anses vara en av universums viktigaste grundstenar. Det mesta tyder på att man nu har hittat den men ingen lär tro att vi därmed vet allt om livet, universum och allting. Sedan några år tillbaka finns på CERN också ett "artist in residence"-program som gör det möjligt för konstnärer att arbeta med olika projekt vid den yttersta gränsen av mänsklig kunskap.

Under 2014-2015 har den japanska konstnären Ryoji Ikeda arbetat på CERN. Ikeda arbetar med att visualisera stora datamängder och CERN är som klippt och skuret för honom, för här produceras enorma mängder data vid varje experiment som det tar månader för datorerna och forskarna att analysera och sammanställa. Ikeda har skapat konstprojekt som *Supersymmetry* och *Superposition* som är begrepp som används inom kvantfysisken. Man behöver inte gå in på fysisken bakom konstverken utan kan bara konstatera att Ikeda använder sig av stora datamängder för att skapa visuella ljudinstallationer som gör att besökaren omges av stora skärmar där data visualiserar och förändras. Ikeda skapar konstnärliga tolkningar av alla de underliga och besynnerliga saker som pågår i kvantvärldens osynliga sfär. För många vanliga människor framstår nog Ikedas konstverk som rena rama Science Fiction med saken är den att både konsten och forskningen redan står med ena benet i framtidens svindlade upptäckter.

David Cernys kontroversiella konst i Prag

Det finns många sätt att uppleva Prag på. Du kan följa turistströmmen från Prags slott, över Karlsbron, vidare till torget i den gamla staden och sluta vid den judiska kyrkogården. Eller så kan du vandra i den berömda författaren Franz Kafkas fotspår eller varför inte ta en båttur och uppleva staden från vattnet. Ett alternativt och mer ovanligt sätt att uppleva staden är ur den tjeckiska konstnären David Cernys ögon. Så följ med på en vandring genom Prag guidad av David Cernys märkliga skulpturer.

David Cerny är en av Tjeckiens mest kända nu levande skulptörer. Det är också en konstnär som gärna provocerar med sin konst. När Tjeckien 2009 tog över ordförandeskapet för EU beställde den tjeckiska staten ett verk av Cerny som skulle ställas ut i EU:s huvudkvarter i Bryssel. Verket *Entropa* beskrevs av Cerny som ett samarbete mellan 27 konstnärer från de övriga europeiska länderna som skulle spegla den Europeiska unionens mångfald. Men istället för att bjuda in konstnärer skapade Cerny och hans assistenter själv verket som blev en satirisk bild av de europiska länderna fyllda med stereotypa bilder. Cerny gick så långt att han även hittade på konstnärer från olika länder som skulle ha bidragit med skulpturens olika delar. Det blev ett verk som skapade både glada miner och en del protester från andra EU-länder som inte gillade Cernys skämtsamma syn på deras länder. Efter denna korta introduktion av David Cerny är det hög tid att börja vår stadsvandring i Prag.

Vi börjar på Karlsbron i Prag och tittar ut över bron överfylld med ett myller av turister, musikanter, försäljare och porträttmålare. I ryggen har vi Prags slott och framför oss den gamla staden på andra sidan av bron. Om vi nu går ner från bron och går genom några slingriga gator når vi snart fram till Kafkamuseet som ligger nere vid floden. Kafka är Prags mest kända författare och han har satt många avtryck i staden, men ingen tjeck skulle räkna honom som en tjeckisk författare eftersom han var tyskspråkig. Den tjeckiska litteraturen känns annars ganska anonym, några skulle nog kunna nämna Jaroslav Hašeks roman *Den tappra soldaten Svejk* eller Milan Kunderas *Varats olidliga lätthet* och någon skulle kanske briljera med poeten Jaroslav Seifert som fick Nobelpriset 1984, men för det flesta är nog ändå Kafka den första och kanske det enda namn man tänker på när man talar om författare från Tjeckien.

Här vid Kafkamuseet hittar vi i alla fall vår första skulptur av Cerny. Det är egentligen en fontän där bassängen består av landet Tjeckiens landsgränser och mitt i landet står två nakna män och pinkar. Männens höfter är rörliga så de rör sig realistiskt medan de med sina penisar skriver citat i vattnet av kända författare från Prag. I Bryssel valfärdar visserligen människor för att se den lilla kissande putti *Manneken Pis* men att titta på en liten pojke är förstås lite mer charmigt än två vuxna karlar som tömmer blåsan. Det finns också gott om fontäner där kvinnors ymniga bröst sprutar vatten så sett ur ett jämlikhetsperspektiv så kan man väl tänka sig två män som kissar. Cernys skulptur *Piss* (2004) känns lika satirisk som hans *Entropa* och kan tolkas som kritik av det tjeckiska samhället som ägnar sig åt att pinka in sitt revir och en symbol för nationalistiskt övermod.

Om vi återvänder till Karlsbron och istället går ner på den andra sidan mot Kampa, som är en ö som historiskt är känd för sin vattendrivna kvarn, så hittar vi i den lummiga parken konstmuseet Kampa. Museet grundades av Jan och Meda Mládek två tjeckiska konstmecenater som skapade en stor samling med inriktning mot centraleuropisk modern konst, där särskilt samlingarna med František Kupka och Otto Gutfreund kan nämnas. Museet visar även tillfälliga utställningar med samtida konst och när jag kliver in på innergården möter jag en skrämmande skulptur av konstnärsgruppen Pode Bal.

Verket visades först i Bryssel under våren 2015 men finns under sommaren på museet i Kampa. Skulpturgruppen visar en naken hårlös människa med ett stort huvud, vilket påminner om en bäbis, som ligger på marken medan blodet forsar ur huvudet och en hund sliter loss en stor bit skinn från skallen. I det sterila landskapet med taggtrådsstängsel står två vakter lite längre bort och tittar på. Skulpturen bygger på en autentisk händelse om den 18-åriga Hartmut Tanz som ville studera musik men som förbjöds att göra det av den kommunistiska regimen i Tjeckoslovaken. Tanz försökte därför rymma och ta sig till väst, men precis innan gränsen till Österrike blev han upphunnen av en vaktpatrull och vakthundarna skadade honom så svårt att han avled av skadorna. Vakterna gjorde inget för att hjälpa den svårt skadade Tanz utan stod bara och tittade på medan han dog.

Nu skulle den här stadsvandringen handla om Cernys skulpturer och dem hittar vi strax utanför museets knut. Här finns tre av Cernys jättelika bäbisar i svart sten. De verkar ganska gulliga tills man tittar på deras ansikten. De saknar ansiktsdrag och istället är deras ansikten intryckta och man ser bara en fördjupning vilket ger en mardrömslik känsla i det annars gulliga uttrycket.

Från Kampa tar vi oss upp till TV-tornet i Žižkov. I verkligheten skulle vi behöva använda kollektiva transportmedel för att ta oss till platsen men TV-tornet knyter så bra an till Cernys bäbisar att vi gör ett snabbt tankesprång i geografin. Tornet börjades bygga under kommunisttiden och är Prags högsta torn med sina 216 meter. Det är också världen näst fulaste torn enligt en tävling. En utmärkelse som inte hindrar att det blivit ett populärt turistmål. Panormautsikten från tornets utsiktsplattform på 93 meter är nog en av de bästa i Prag. Tornet har både en restaurang och ett-rum-hotell vilket har gjort det populär att fira bröllop i tornet och sedan övernatta i den exklusiva hotellsviten, om nu plånboken tillåter sådana utgifter. Utanför tornet kan man se tio av Cernys jättebäbisar som klättrar vertikalt upp för tornpelarna. Skulpturerna har varit en permanent installation sedan 2001 och även om man tycker tornet är fult gör skulpturerna att det blir desto mer intressantare att besöka.

Vi tar oss tillbaka till Prags stadskärna och från Rådhustorget i den gamla staden följer vi en sidogata som heter Husova. Efter ett tag ser vi en man som hänger från en stång som sticker ut högt ovanför gatan. Det är Cernys skulptur *Man Hanging Out* (1996) och mannen som håller sig fast i en hand i stången är ingen mindre än psykoanalysens fader Sigmund Freud. Freud föddes i Freiberg som idag ligger på Tjeckiskt territorium. Det är en ganska oväntad skulptur i stadsbilden och några har tydligen upplevt den som så realistiskt att de ring till polisen för att berättat att någon försöker ta sitt liv.

Man undrar nu vad Freud skulle ha tänkt om den sista skulpturen av Cerny som vi besöker på den här stadsrundturen. Skulpturerna med titeln *Brownnosing* hittar vi på galleri Futura på Holečkova 789. De permanenta skulpturerna installerades 2003 och består av två fem meter höga vita människostatyer som lutar sig mot en mur. Med hjälp av en stege kan besökaren klättra upp till skulpturen och sticka in sitt huvud i rumpan där det visas ett videoverk på en monitor.

Det finns ännu fler märkliga konstverk av Cerny i Prag som är värda att besöka och som kan användas för att skapa en guidad tur genom staden, som de jättestora pistolerna eller den snurrande döskallen på taket, men jag tror vi stannar här med huvudet instucket in någons annans rumpa. För en mer annorlunda och alternativ upplevelse av Prag är nog svår att hitta.

Den förbjudna zonen

En författare och en vetenskapsman beger sig i sällskap av en vägvisare in en förbjuden zon där märkliga saker händer. Den förbjudna zonen i filmen *Stalker* från 1979 av den ryska regissören Andrej Tarkovskij skulle kunna vara hämtad från vår samtid. Zonen skulle kunna vara något av de stora avspärrade områdena kring kärnkraftverken i Tjernobyl eller Fukushima. Områden som blivit obeboeliga och som spärrats av för människor efter det radioaktiva läckage som drabbade området efter härdsmältorna 1986 och 2011.

I Tjernobyl övergavs ett stort område bland annat staden Pripjat som före katastrofen hade 50000 innevånare och som nu gapar tom som en spökstad. Även om området betraktas som obeboeligt för människor har det visat sig vara en vinstlott för djurlivet. I nästan 30 år har zonen varit ett naturreservat och förekomsten av till exempel varg, vildsvin och rådjur hör till de högsta i världen. Arter som lodjur och berguv, som länge har varit försvunna, har återvänt när människorna inte längre påverkar miljön.

Som vid alla stora katastrofer eller där områden blir avspärrade för besök uppkommer det så klart en massa konspirationsteorier och rykten. Det gäller även området kring Tjernobyl vilket man inte varit sen att utnyttja inom populärkulturen. Filmen *Chernobyl Diaries* (2012) är en modern skräckvariant på Tarkovskijs *Stalker*. Sex västerländska turister anlitar en guide som ska föra in dem in i den förbjudna staden Pripyat, där arbetarna vid kärnkraftverket bodde. Det visar sig att de inte är ensamma i staden, det finns någonting annat där också och när mörkret faller börjar skräcken. Att radioaktiva utsläpp orsakar fruktansvärda muterade monster är en ganska vanlig föreställning inom populärkulturen. Att filmen *Godzilla* fick nytt liv 2014, några år efter kärnkraftskatastrofen i Fukushima är ganska talande. Godzilla klev upp på filmduken 1954 och handlar om en dinosaurie som ligger i dvala på havsbotten men som väcks och muterar efter ett kärnvapenprov. Jordbävningen utanför Japan 2011, härdsmältan i Fukushima och de radioaktiva utsläppen i havet visade sig vara en perfekt bakgrund för att väcka filmmonstret till liv igen.

Även konstnärer har inspirerats av kärnkraftolyckorna. Den brasilianska konstnären Alice Miceli presenterade på konstfestivalen Transmediale.10 i Berlin verket *Chernobyl Project – The Invisible Stain* (2007-09). Miceli använde sig av en hålkamera med film känslig för gammastrålning och fotograferade in i den förbjudna zonen vid Tjernobyl. På fotografierna fångade hon det osynliga radioaktiva landskapet som inte går att se med ögat. Hennes fotografier dokumenterar vad som hänt för länge sedan i området. De påminner om när vi tittar på stjärnorna vars ljus har färdats i miljontals ljusår. Vad vi ser på natthimlen är en bild av stjärnans historia och inte stjärnan som den är idag. På samma sätt ser Micelis kamera tillbaka in i historien och följer strålningens ursprung.

En som var på plats redan de första dagarna efter katastrofen i Tjernobyl 1986 för att dokumentera var som hände var den ryska filmaren Vladimir Shevchenko. När han framkallade filmen visade det sig att den var skadad vilket han först trodde berodde på ett tekniskt fel innan han insåg att det var den starka strålningen som skadat filmrullen. Shevchenko som bara hade använt sig av ett munskydd när han stod och filmade den havererade kärnreaktorn och arbetarna som arbetade för att sluta in härdsmältan avled senare av sina strålningsskador. Shevchenkos film *Chernobyl: A Chronicle of Difficult Weeks* finns på Youtube och den känns mer skrämmande än skräckfilmen *Chernobyl Diaries*. Det räcker att tänka efter vilka strålningsdoser som människorna på filmen blev utsatta för. De som skyfflade radioaktivt material från kärnkraftverkets tak blev till exempel utsattes för en strålning som efter 40 minuter började bryta ner kroppens celler. Att röja efter Tjernobylkatastrofen blev för många ett självmordsuppdrag.

De brittiska tvillingkonstnärerna Jane and Louise Wilson blev intresserade av Shevchenkos öde och skapade en egen film med titeln *The Toxic Camera* (2012). De letade reda på Shevchenkos kamera som finns bevarad och försluten i en blylåda i en lagerlokal i närheten av Kiev eftersom den fortfarande är så radioaktiv. Systrarna intervjuade också de tre kameramän som överlevde filmningen inne i den förbjudna zonen. De har även besökte den övergivna staden Pripyat som de dokumenterade genom fotografier. Filmen, fotografierna och Shevchenkos egen film blev sedan till en utställning om Tjernobylkatastrofen.

En annan konstnär som besökt Pripyat är den franska gatukonstnären Combo som under sitt besök, eller som han kallar det attack mot Tjernobyl, klistrade upp flera olika posters på väggarna med bland annat reklam från kärnkraftsindustrin som berättade om framtidens energikälla. Med tanke på platsen blir budskapet väldigt ironisk. En poster som fick stor uppmärksamhet visar den tecknade familjen Simpsons som har picknick på gräset med de stora kärnkrafttornen i Springfield i bakgrunden. Homer Simpson som i serien arbetar på stadens kärnkraftverk är som tekniker fullkomligt inkompetent och det är bara tur att han inte åstadkommit en härdsmälta i staden. Kontrasten mellan posterns färgstarka färger, den lyckliga familjen Simpsons och den idylliska sommardagen och det övergivna gråa rummet, där postern finns uppsatt, där golvet är fyllt med gasmasker blir väldigt stark och tydlig.

I Fukushima arrangerade en grupp konstnärer konstutställningen *Don't follow the wind* i det avspärrade området på fyraårsdagen av katastrofen. De tolv konstnärerna begav sig i mars 2015 in i den stängda zonen och placerad ut platsspecifika konstobjekt i området som knyter an till katastrofen. *Don't follow the wind* är en utställning som man inte kan besöka. Det finns inte heller några bilder av konstverken som placerades ut i zonen. Hemsidan till projektet är helt tom och man hör bara ett inspelat meddelande som berättar om projektet. För den som vill uppleva utställningen måste precis som alla de som bodde i området vänta på att radioaktiviteten klingat av och myndigheterna lyft avspärrningarna, vilket lär dröja. Man skulle säga att konsten är lika osynlig som den radioaktiva strålningen i området men den ändå har en påverkan på oss människor.

Däremot kunde man i mars 2015 besöka en utställning på New York galleriet Bortolami som hade titeln *The Radiants* och som också uppmärksammade att det var fyra år sedan händelsen vid Fukushima. Ett tjugotal konstnärer ställde ut både historiska och nyproducerade verk som knöt an till katastrofen. Bakom utställningen stod den japanska konstnärsgruppen *United Brothers* som består av bröderna Ei and Tomoo Arakawa som kommer från Fukushima. Bröderna blev uppmärksammade 2014 under konstmässan Frieze med verket *Does This Soup Taste Ambivalent?* Man bjöd helt enkelt mässbesökarna på en soppa lagad på grönsaker från trakten kring Fukushima. Grönsakerna ska enligt myndigheterna vara helt ofarliga men när du vet varifrån de kommer så upplever du nog att soppan får en annan "smak".

I utställningen *The Radiants* hittade man några äldre verk som Sigmar Polkes kameralösa fotografier från 1992 där han använde sig av uranium som exponerades mot fotopapper. De unika fotografierna består av en serie med grönskimrande former. Till de ännu äldre verken hör Enrico Bajs målningar från 50-talet som visar världen efter ett kärnvapenkrig. De intressantaste verken i det här sammanhanget är förstås de som knyter an till Fukushima som Jay Chung och Q Takeki Maeda som skapade en målning genom att använda sig av *Nano Prussian Blue pigment*, en färg som drar åt sig radioaktivitet. Prussian blå var det första moderna syntetiska pigmentet och det används även inom medicinen för att dess egenskaper att kunna binda radioaktiva isotoper som Tallium och Cesium. Förutom kopplingen till radioaktiva utsläpp kan man ana en konsthistorisk referens i verket till Yves Klein som 1960 tog patent på sin alldeles egna blåa färg *International Klein Blue (IKB)* som tillsammans med hans blå konstverk blivit hans arv till eftervärlden.

Ett annat exempel i utställningen är Sergei Tcherepnins installation *Radiation Yield Route 6* som tillkom när konstnären gjorde en bilresa runt det avspärrade området vid Fukushima. Med sig på resan hade han en geigermätare som hela tiden mätte strålningen i bakgrunden. På väggen i galleriet sitter fotografier som dokumenterar resan och det ackompanjeras av geigermätarens oroväckande tickande ljud som en påminnelse av det osynliga monster som gömmer sig i den förbjudna zonen.

Vindljud och vindkraftodjur

Vindkraftverk uppfattas av en del som ett störande inslag i miljön. De är stora, fula och låter, men om man istället överlåter åt konstnärer och arkitekter, snarare än ingenjörer att bygga nya vindkraftverk som kombinerar det estetiska med det hållbara kan resultatet bli väldigt spännande.

Danmark räknas som ett av Europas ledande länder i utvecklingen av vindkraftverk. När Köpenhamn var värd för Europas gröna huvudstad 2014, där städer som har som målsättning att bli en koldioxidneutral stad till 2025 medverkar, arrangerade organisationen *Land Art Generator Initiative* (LAGI) passande nog en tävling i Köpenhamn. LAGI är en amerikansk organisation som arbetar för att skapa offentlig konst som också kan bidra med att producera ren energi. Vartannat år arrangerar man därför en tävling på olika platser i världen för att ta fram nya idéer och förslag och 2014 var det Köpenhamns tur.

Platsen för tävlingen var Refshaleøen ett tidigare skeppsvarv i Köpenhamn och det vinnande bidraget *The Solar Hourglass* var utformat som en timglasformad skulptur som samlade ihop solstrålarna och skapade energi av solenergin. Eftersom vi koncentrerar oss på vinden så ska jag nämna några intressanta designförslag i tävlingen som tog till vara vindkraften. Laura Mesa Arango och Rafael Sanchez Herrera skapade *The Sound of Denmark* som bestod av ett vindkraftverk som hade hämtat sin form från de stora bronsålderslurar som man förknippar med vikingatiden.

Vinden fångas upp av lurarna och samtidigt som den driver runt en turbin produceras också ett ljud. Även *Wind harp* av ett danskt team kombinerade idén om ljud och energi. Vindharpa, eller eolsharpa som är det gamla namnet, var ett stränginstrument byggt av en rektangulär resonanslåda med strängar, som man kunde placera i fönstret och där vinden sedan satte strängarna i rörelse. Samma tanke ligger bakom *Wind harp* som består av en struktur byggd av vajrar som fångar upp vindens rörelser för att producera energi samtidigt som det skapas musik.

Vindskulpturer behöver inte producera någon energi eller har någon nyttoaspekt, utan de kan skapas enbart för att fånga upp vindens musik. Mike Tonkin och Anna Liu skulptur *Singing Ringing Tree* (2006) i Lancashire, England, består till exempel av pipor av stålrör som man staplat i en tre meter hög skulptur. Precis som en flöjt finns det hål i piporna och de är riktade mot olika väderstreck så när det blåser bildas det harmoniska ljud. Den engelska konstnären Luke Jerram har skapat en stor metalskulptur som fått namnet *Aeolus Acoustic Wind Pavilion* efter den grekiska vindguden Aeolus. Även här uppkommer det harmoniska ljud, utan behov av elektricitet eller förstärkare, när vinden blåser genom skulpturens ihåligheter.

Förutom ljud skapar även vinden rörelser vilket människor under lång tid har utnyttjat rent praktiskt som i väderkvarnar eller till mer estetiska skapelser som drömfångare, vindspel eller i konstverk som Alexander Calders stora mobiler i metall. I skulpturparken utanför konstmuseet Louisiana i Danmark hittar man en av Calders mobiler. En röd plåtkropp på tre ben sträcker sig upp mot himlen och längst upp balanserar en tunn stång med några vindskivor fästa på ena sidan som ska fånga upp vinden och få stången att snurra runt som en vindsnurra. Skulpturen har ingen funktion utan skapar bara en vacker rörelse när vinden blåser på den.

Anthony Howe är en annan amerikansk skulptör som tagit fasta på vindens rörelser i sina vindsnurror som rör sig med hypnotiska rörelser. Hans silverfärgade vindsnurror består av intrikata mönster av böjda metallbitar som fångar upp vindens rörelser och sedan rör sig i slingrande och pulserande mönster på sin färd runt sin egen axel. Howes skulpturer påminner om havsväxter och bläckfiskar som graciöst rör sig i havsströmmarna. Skulpturerna har en organisk harmonisk rörelse som är hypnotiskt fängslande och svår att släppa med blicken. Det är skulpturer som man skulle kunna ha i sin trädgård och som skulle pigga upp en medan höstvinden ven utanför fönstret.

Även Theo Jansens stranddjur är svåra att släppa med blicken. Den nederländska konstnären har i drygt femton år skapat sina "odjur" av plaströr, slangar och buntband. Det är ganska stora varelser som rör sig längs stränderna enbart med vinden som energikälla. De har ben som gör att de kan gå längs stranden och de påminner lite om krabbor när de vandrar över sanden. Djuren har enkla "hjärnor", som utan hjälp av datachips eller elektriska censorer kan avgöra om det är på väg ner i vattnet eller om tidvattnet närmar sig. Då ändrar djuren riktning och tar sig tillbaka till fast och säker mark. Skulle det börja blåsa upp till storm så kan djuren förankra sig själva genom att slå ner ett rör i sanden.

Jansen strävar efter att göra sina djur självförsörjande så att de kan klara sig på egen hand utan mänsklig hjälp i framtiden. Han ser framför sig kolonier av dessa djur som lever på stranden och som kanske även kommer att överleva människorna. Det finns många olika varelser, en del har vingar, andra snurror och antalet ben kan variera, men när man ser dem är svårt att fatta att det är bara vinden och platsrör som får dem att röra sig på ett mycket komplicerat sätt. Inte ens världen bästa och dyraste robot rör sig lika elegant och smidigt som dessa strandvarelser. Så blir inte förvånad om du i framtiden möter några av dess odjur när du vandrar längs havet en blåsig sommardag. De kan se skräckinjagande ut vid en första anblick men ta det lugnt de är egentligen väldigt fredliga och miljövänliga varelser.

Det digitala landskapet

En bergsplatå som mörk stupar ner i djupet medan den andra sidan reser sig spetsig och eroderad mot horisonten. Landskapet är öde, dystert och kargt, kanske är det en vulkanisk miljö som vi betraktar, men på något sätt känns bilden onaturlig. De spetsiga bergen påminner om en graf med sina toppar och dalar och övergången mellan den släta mörka bergsväggen och de spetsiga ljusa klipporna vid sidan om känns påklistrad. Den spanska konstnären Joan Fontcuberta har gjort en serie bilder som han kallar *Landscapes without memory* (2005). Att landskapen saknar minnen och historia har sin förklaring i att dem helt enkelt inte finns, utan har genererats fram av en dator.

Fontcuberta har använt sig av samma programvara som militären brukar använda för att överföra 2D bilder som kartor och satellitfoton till 3D-miljöer. Programvaran översätter helt enkelt en 2D-källa och skapar av informationen ett 3D-landskap. Fontcuberta har använt programvaran och experimentera med olika källor. I serien *Landscapes of landscapes* har han till exempel använts sig av kända landskapsmålningar från konstnärer som Turner, Cézanne, Dali och Stieglitz och låtit datorn översätta målningarna till 3D-miljöer med berg, dalar och moln. I *Bodyscapes* (2006) är det däremot kroppen som varit förlagan och Fontcuberta har låtit scanna in olika kroppsdelar som datorn sedan översatt till 3D-landskap.

I konsthistorien har landskapsmåleriet haft en viktig roll. En av höjdpunkterna inträffade under den holländska guldåldern på 1600-talet då vi fick mer realistiska landskapsmålningar. Konstnärerna lämnade sina ateljéer för att göra skisser utomhus. Målningarna är ofta gjorda i marknivå och den låga horisontlinjen och spännande molnformationer är typiska för tidens målningar. Några av främsta konstnärerna var Jan van Goyen, Salomon van Ruysdael och Pieter de Molyn.

Mishka Henner gjorde 2011 en fotoutställning med titeln *Dutch Landscapes* som anspelar på den holländska guldålderns landskapsmålningar. Utställningen bestod av fotografier tagna från Google Maps. Av flera olika anledningar är inte all detaljerad information tillgänglig för användaren i Google Maps. Det kan finnas skyddsobjekt eller andra områden som man vill dölja av säkerhetsskäl. På de holländska kartorna har man därför lagt ett kamouflagenät över områdena som består av stora enfärgade bitar i en färgskala som ska smälta in i omgivningen. Men tvärt emot ambitionen så sticker dess områden ut desto mer mot omgivningen. Man kan visserligen inte se vad som finns där, men man vet definitivt att det är något intressant eftersom det är maskerat. Henner blev intresserad av Googles maskeringsteknik och tyckte det fanns något målersikt och estetiskt över bilderna som han vill göra ett konstverk av.

I konsthistorien nådde landskapsmåleriet en ny höjdpunkt under 1800-talet i och med de romantiska strömningarna i Europa. Landskapet blev nu en symbol för människans sinnesstämningar. Rasande forsar, höga berg och djupa dalar passade romantikernas känslostormar, eller om det nu var frågan om mer stillsamma och kontemplativa känslor, då kunde solnedgångar eller kyrkogårdsmiljöer användas.

Även idag utgör landskapet en viktig inspirationskälla för många konstnärer. De flesta konstnärerna har någon gång under sin karriär målat ett landskap, eller en solnedgång av något slag. Under de senaste åren har det dykt upp en ny form av landskapsmåleri som liksom Fontcuberta och Henner inte utgår från naturen utan från digitala källor. Metalandskap, dataspel och virtuella världar har öppnat upp nya vyer för landskapsmåleriet.

Den svenska konstnären Kristoffer Zetterstrand gjorde år 2002 en utställning som fick namnet *Free-look Mode* som bestod av tavlor med landskap från spelet Counterstrike. Counterstrike är ett mycket populärt dataspel som man spelar på nätet och där man väljer att spela antingen som terrorist eller anti-terrorist. Spelarna delas in i två lag och tävlar mot varandra. Om man skulle bli skjuten under en spelomgång måste man vänta till spelomgången är slut för att kunna vara med igen. Medan man väntar kan man fritt röra i spelet och utforska miljöerna t ex genom att flyga över landskapet. Zetterstrand kallar det för "Free-look mode" och i sina målningar har han undersökt och avbildat landskapet i Counterstrike som befinner sig i skiljelinjen mellan spelets värld och det område där grafiken upphör och bara blir till en svart bakgrund.

Ett landskap, i till exempel ett dataspel, är i grunden uppbyggt av ekvationer och siffror som berättar för datorn hur den ska rita upp miljöerna på skärmen. På sätt och vis består ett riktigt landskap också av den här typen av information. Vi har longituder och latituder, höjdnivåer och annan data som berättar var vi befinner oss på jorden. En GPS är ett redskap som använder sig av den här informationen för att visa oss rätt väg. Det finns några exempel på konstnärer som använt GPS för att skapa konst i och av landskapet. Thorsten Knaub gjorde till exempel under 2003 en *GPSdiary*, där han sparade alla sina rörelser under ett år med hjälp av en GPS.

Resultatet blev en graf för varje dag och sammantaget blev det en abstrakt målning över hans rörelser i landskapet. Knaubs projekt kan ses som en form av landskapsmåleri, där själva metalandskapet med sina positioner och rutnät avtecknas och sammanställs till en målning över konstnärens rörelser. Under en vistelse på Mallorca under 2007 skapade Knaub ett annat GPS verk i landskapet. Konstnären Joan Miro levde sin sista tid i Palma och från en av hans anteckningsböcker hämtade Knaub några teckningar som han använde för att skapa en osynlig hyllning till Miro. Knaub vandrade omkring med en GPS på Palmas gator och ritade upp Miros teckningar i stadsbilder genom att följa GPSens kordinator. Själva teckningen är osynlig i stadsrummet, men finns bevarad i GPSens minne.

Inom landskapsmåleriet utgör solnedgången ett speciellt motiv. Under bland annat romantiken var solnedgångar väldigt populära och motivet har under historiens gång använts i så hög grad att det idag nästan omöjligt att ta en solnedgång på allvar, en solnedgång har blivit en utsliten kliché. Ändå är det en händelse som äger rum varje dygn och som fortfarande drar svärmande kärlekspar till sig som en syltburk lockar till sig getingarna. Ska man vara riktigt oromantiskt så kan man påpeka att solen faktiskt aldrig går ner, den står ju bevisligen stilla, utan det är jorden som rör sig och därmed skymmer solen. Det innebär också att solen alltid håller på att gå ner någonstans på jorden.

Den isländska konstnären Pall Thayer har tagit fasta på det i verket *Sunset* som uppfördes första gången 2000 och som består av en video med inspelningar från ett antal webbkameror runt om i världen som visar solnedgången. Sammankopplade skapar de olika filmsekvenserna en bild av en ständigt nedgående sol, en sol som befinner sig i ett limbo hängande mellan dag och natt. Man kan antingen tolka Thayers solnedgång som en evig romantisk solnedgång eller ett helvetiskt evigt tillstånd av stagnation. Utopi eller dystopi, en fråga som kan tillämpas även på den teknik som Thayer utnyttjat. Webbkameror och övervakningskameror ska de se som en utopi om ett säkert samhälle eller som en dystopi om storebrors samhälle a la Orwells 1984?

Idag finns det en hel rad med nya outforskade landskap som sträcker sig bort mot horisonten och som konstnärer använder sig av. Några är osynliga och består endast av metadata och koordinater, medan andra är fantasifulla och exotiska och bara existerar i den virtuella världen. Kanske är det några av dessa landskap, föreställande en solnedgång från Second Life eller en landskapsbild skapad av din epostkorrespondens det senaste åren, som i framtiden hänger ovanför din soffa istället för den där reproduktionen av Cézannes *Mont Saint Victoire*.

På trolljakt i samtidskonsten

Troll. Nej, det är inte John Bauers sagotroll som står och lurar bland träden i den svenska skogsidyllen som jag tänker på, utan på nättrollen. De som sprider sina hatiska åsikter i forum och i kommentarsfälten på internet. Nättroll har förstå mer med fiske att göra än med sagotroll. Ursprunget är nämligen det engelska ordet "trolling" som på svenska kan översättas till dragrodd. En fisketeknik som innebär att man drar ett bete efter båten för att locka fisken att hugga. Trolling på nätet fungerar efter samma princip. Någon publicerar provocerande åsikter för att skapa en reaktion från läsaren. Man lägger alltså ut ett bete och väntar på att någon ska hugga så man kan rycka till och håva in fångsten. Nättrollen är inte ute efter någon debatt eller dialog utan vill bara trycka till människor som de inte gillar. Som konstnär, och framför allt kvinnlig, så är det lätt hänt att man råkar ut för nättrollen om man i sitt konstnärskap framför åsikter och gör saker som kan upplevas som provocerande.

Den australienska konstnären Casey Jenkins fick uppleva det efter sin performance *Casting Off My Womb*. Under 28 dagar, det vill säga under en menstruationscykel satt hon i galleriet och stickade. Det uppseendeväckande var inte att hon stickade utan att hon förvarade garnet instoppat i sin vagina. Att konstnärer använder sina vaginor i performance är inte något nytt. Redan 1975 framförde den amerikanska konstnären Carloee Schneemann sin performance *Interior Scroll* där hon förvarade en pappersrulle i sin vagina. Under rituella former drog hon sedan långsamt ut pappret medan hon läste texten på pappret.

Är man intresserad av samtidskonst så blir man inte speciellt chockerad när man ser nakna konstnärer som använder sitt könsorgan för att skapa konst. Var och en av oss har ju faktiskt kommit ut från vagina en gång i tiden. Problemet för Jenkins uppstod när en reporter gjorde ett videoinslag om hennes performance och det sedan spreds via Youtube till människor som inte är så vana vid samtidkonst och som förmodligen inte heller gillar feminism eller att kvinnor tar plats i det offentliga rummet för den delen. Kommentarsfälten fylldes snart med hatiska och misogyna kommentarer från nättrollen.

Antingen drar man täcket över huvudet och försöker glömma allt, eller så gör man som Jenkins och använder kommentarerna till ett nytt konstverk. Jenkins använde sig av en stickningsmaskin för att sticka några av de vanligaste kommentarerna från nätet. Garnet som hon använde till stickningen hade hon färgat rött genom att använda det som tampong när hon hade mens. Nu fick nättrollen se sina egna kommentarer stickade på ett sätt som hade provcerat dem från början vilket förmodligen fick dem att bli ännu argare. Frågan är om det inte är Jenkins som sysslar med trolling? Hon slänger ut sitt garn och agnar det med lite blod och visp är alla pirayorna där och hugger på betet utan att inse att Jenkins bara provocerar fram de reaktioner som hon vill ha. Jenkins vill nu inte att hennes verk bara ska begränsa sig till hennes egna erfarenheter. Utan hon har bjudit in andra som har liknande erfarenheter att skicka in trollkommentarer som hon sedan kan sticka.

Marie Brian, eller The Cotton Floozy som hon kallas på nätet, skapar fyndiga handgjorda broderier som hon säljer på nätet. Precis om Jenkins drabbades hon av nättrollens elaka kommentarer och bestämde sig för att slå tillbaka genom att göra kommentarerna lika "bedårande" som gamla broderade väggbonader med texter som "Eget hem är guld värd" och "Borta bra men hemma bäst". Genom att brodera de hatfulla kommentarerna ville hon avväpna och återerövra budskapet och på sätt och vis driva med dem som hade skriva dem. Bilderna av broderierna postades sedan på hennes Instagramkonto vilket förmodligen fick nättrollen att spricka av ilska.

Förutom att uttrycka feminsitiska åsikter behöver man som kvinna bara exponera sitt utseende på nätet för att locka fram nättrollen. Fotografen Lindsay Bottos fick uppleva det när hon postade diverse selfies på nätet. Nättrollen började genast kommentera hennes utseende, framför allt hur ful, tjock och dum hon var, det vill säga samma typ av misogyna kommentarer som frodas på nätet mot kvinnor. Även här beslöt sig Bottos för att återerövra makten över kommentarerna och göra dem till sina egna genom att infoga dem i sin konst. Hon klistrade in kommentarer på fotografierna som hon hade tagit med sin webkamera och publicerade dem på nätet. Kommentaren tillhör på sätt inte längre den anonyma skribenten, a.k.a nättrollet, utan ägs av Bottos eftersom de nu befinner sig i en konstnärlig kontext och hennes bilder skyddas av upphovsrätten. Man undrar om man skulle kunna stämma användare som i framtiden använder sig av replikerna i Bottons fotografier för brott mot upphovsrätten? På ett sätt är det ju att kopiera en del av ett konstverk utan konstnärens medgivande. Förmodligen inte, men det är intressant att notera hur många kvinnliga konstnärer tar tillbaka makten över situationen genom att infoga nättrollens elaka kommentarer i sina konstverk och därmed göra dem till sina egna.

En annan ung kvinnlig konstnär som råkat ut för nättrollen är Molly Soda som använder nätet som plattform för att presentera sin feministiska konst. I ett av sina konstprojekt skapade hon en virtuell besvärjelsebok för den uppkopplade människan. Här hittar du besvärjelser som du kan använda om du behöver välsigna en ny dator eller mobil, ta snyggare selfies eller för att fördriva ett nättroll. För att lyckas med det sista ska du skriva ner vad nättrollet har sagt till dig på en bit papper som du sedan begraver i jorden medan du uttalar besvärjelsen: "Trolls of mine / so un-divine / waste away so I can get through the day / I wish to live my life / without strife".

Sedan finns det konstnärer som den brittiska illustratören Mr Bingo som tar £50 för att förolämpa dig i sann nättrollsanda. Du kanske tycker det är lite dyrt när du kan få samma sak gratis på vilket nätforum som helst? Men Mr Bingo kör old-school han skriver och illustrerar nämligen den elaka kommentaren på ett vykort som sedan delas ut av en äkta brevbärare. Konceptet har visat sig vara väldigt framgångrikt och kön har varit lång för att betala för att bli förolämpad av Mr Bingo. Det har gått så bra att konstnären har bestämt sig för att publicera en bok med titeln *Hate Mail: The Definitive Collection* så att alla ska få chansen att betala för att bli förolämpad av Mr Bingo. Fast det är klart det konceptet kanske bara fungerar om du är man. Män verkar kunna förolämpa andra och till och med ta betalt för det på nätet medan kvinnliga konstnärerna få finna sig i att bli förolämpade och i bästa fall kan de använda materialet i sitt egen konst.

Med karta och GPS genom konsten

Minns du krysset på den hemmagjorda skattkartan som var starten på barndomens äventyr? Eller när du tog fram kartboken ur bokhyllan och följde floder och bergskedjor till exotiska städer? Idag är det inte så många barn som använder papperskartan för att utforska världen. Istället tar de fram sin mobil för att titta på sin GPS och Google Maps. Även inom samtidskonsten har kartan fått nya betydelser och användningsområden.

Bakom flickan i Johannes Vermeers målning *Officeren och den skrattande flickan* (ca. 1660) ser vi en stor karta på väggen. I många av Vermeers målningar hittar man kartor som hänger på väggen. De är ofta så detaljerade att historikerna kan avgöra vilken karta det rör sig om. I det här fallet är det en karta över Holland som skapades 1620 av Balthasar Florisz van Berckenrode. Under 1600-talet var Holland en stormakt och landet upprättade kolonier i Indien och Sydostasien. Det pågick en kapplöpning i Europa om att utforska världen för att skaffa sig nya kolonier som kunde förse landet med råvaror som la grunden för en ekonomisk tillväxt. Behovet av detaljerade kartor över världen växte och kartmakarna hade bråda dagar.

Tittar man på kartor före 1600-talet så ser man ofta en fantasifull och konstnärlig ådra hos kartmakarna när de försöker föreställa sig vad som finns där ute i det okända och det ännu oupptäckta. Olaus Magnus *Carta Marina* från 1539 som är en karta över Skandinavien visar de omgivande haven fyllda med skrämmande och underliga havsmonster som nog fick de tappraste sjömän att hålla sig nära kusten. Men när man nu började korsa haven under 1600-talet och upptäcka andra kontinenter insåg man ganska snart att det inte fanns några skrämmande havsmonster och kartorna blev därför mer praktiska och torrare i sitt utförande.

Dagens kartor ritas inte av människor utan av datorer. Det är satelliter och positioneringssystem som skapar dagens fotografiska kartor som vi använder av oss för att navigera i terrängen. I början av 2000-talet uppstod därför en ny konstform som fick namnet *locative art*. Konstnärerna började använda sig av GPS och mobiler som blev tillgängliga för allmänheten och som kunde visa din lokalitet, det vill säga den plats där du befann dig. Ett exempel på hur den nya konstformen tog sig uttryck var GPS-painting där man använde sig av en GPS för att färdas en sträcka i geografin och när man sedan tittade på sin färdväg så såg man en figur. I Nazca Desert i södra Peru finns de kända Nazca linjerna som består av en massa linjer i landskapet, men när man tittar på dem i fågelperspektiv binds dem samman till stora figurer av apor, fiskar och hajar. Idag skulle man kunna använda sig av en GPS för att skapa dessa stora figurer men dessa figurer skapades tusentals år innan GPS:en var uppfunnen. Man kan ändå betrakta dessa figurer som de första kartteckningarna. För även om man saknade GPS fanns det andra tekniker som man kunde använda för att räkna ut hur man skulle bygga dessa linjer i öknen så man bara kunde se dem från himlen.

Under en vistelse på Mallorca under 2007 skapade konstnären Thorsten Knaub en GPS-målning i landskapet som en hyllning till konstnären Joan Miro som levde sin sista tid i Palma. Från en av Miros anteckningsböcker hämtade Knaubs några teckningar som han använde för att skapa en osynlig hyllning till Miro. Knaub vandrade omkring med en GPS på Palmas gator och ritade upp Miros teckningar i stadsbilden genom att följa kordinatorna. Själva teckningen är osynlig i stadsrummet, men finns bevarad i GPSens minne med Knaubs färdvägar.

Våra strövtåg genom geografin skapar individuella kartor över våra liv. Jermy Wood som började intressera sig för locative art under 2000-talet har skapat många verk där han använt en GPS för att övervaka sina rörelser. I verket *My Ghost* från 2009 sparade han all data om hur han förflyttade sig i London mellan perioden 2000-2009. På bilden ser man att vissa stråk sticker ut som bredare linjer som han regelbundet har förflytta sig längs medan de tunnare linjerna vissa på mindre frekventa rörelsemönster i staden. Rörelserna är inte slumpmässiga utan man ser ett tydligt mönster av trådar som sträcker ut sig över staden och skulle man gå djupare in och analysera dessa rörelser: Var han varit, vem han besökt och vid vilken tidpunkt, då skulle man förmodligen få veta en hel del om Woods biografi. På så sätt blir hans GPS-målning en unik autografi skapad av hans rörelser i staden över flera år.

En annan form av spöken hittar man hos konstnären Paolo Cirio. I projektet *Street Ghost* (2012) använde han sig av Google Street View där man kan utforska städerna genom att röra sig längs gatorna i gatunivå. Eftersom bilderna visar gator så finns det ofta människor med på bilderna som mer eller mindre ofrivilligt fastnar på bild när Google-bilen åker förbi och filmar dem. Det Cirio gjorde var att han valde ut ett antal av dessa individer och skrev sedan ut foton av dem i full storlek som han klistrade upp på exakt samma plats där personen hade stått eller suttit. Bilden blev som ett spöke som bränt sig fast på väggen. Personerna finns inte fysiskt kvar på gatan längre men de finns på sätt och vis kvar fastfrusna i tiden i Google Views virtuella kartvärld bland alla andra personer som också fastnat på bild.

Det är många underliga saker som kan fastna i kamerlinsen när Google kartlägger våra städer och omgivningar. Det finns en hel del konstprojekt och bloggar som samlar in alla dessa udda bilder. *The Nine Eyes of Google Street View* av konstnären Jon Rafman är ett exempel. De nio ögonen åsyftar den kamera med nio linser som sitter på Google-bilens tak och som skapar panoramabilderna i Street View. På Rafmans Tumblr-sida hittar man till exempel bilar som kört I diket, människor som befinner sig i besynnerliga positioner eller situationer. En del motiv är kanske arrangerade medan andra fångat människor när de tror att de varit obevakade.

Karttjänsterna använder sig till stor del av automatiska insamlingar och sammanställningar för att presentera all information och alla fotografier för användaren. Det är inga människor som sätter ihop alla bilderna till kartor utan det gör ett program i datorn och ibland blir det fel eller rättare sagt så följer programmet sin fördefinierade logik och ifrågasätter inte resultatet. Konstnären Clement Valla har skapat en serie av vykort från tjänsten Google Earth där han bland annat har hittat broar och vägar som ser helt förvrängda ut beroende på att programmet satt ihop informationen utan att reflektera över resultatet. Vägarna påminner en hel del av om Salvador Dalis konstverk, eftersom de är lika mjuka och formlösa som Dalis surrealistisk smältande klockor i målningen *The Persistence of Memory* (1931). Dessa vykort, som visar oss vyer på landskap som egentligen inte finns, utan som bara är ett resultat av datorns felaktiga tolkningar av informationen, ger oss en tankeställare om att man kanske inte blint ska lita på en karta. Det är ungefär som när man läser i tidningen om människor som blint följt bilens GPS och hamnat i diket eftersom kartan inte varit uppdaterad eller varit felaktig.

Googles karttjänster kan nu inte bara användas för att skapa konst utan även användas för att bevara konst. Ett sådant ambitiöst projekt är *Street Art med Google* där man i samarbete med olika organisationer och grupper har samlat in gatukonst från hela världen. Från en världskarta kan man utforska gatukonsten i USA, Kina, Indien eller Australien. Gatukonsten är inte alltid laglig och om den är det finns alltid risken att den blir vandaliserad eller förstörs på andra sätt. *Google Street Art* arkiverar på så sätt gatukonsten till eftervärlden. Tjänsten består inte bara av fotografier av gatukonst utan man har även intervjuat gatukonstnärer och det finns audioguider om olika graffittiverk, muralmålningar och andra gatukonstprojekt.

Kartan är idag inte bara ett verktyg för att hitta till rätt plats utan är snarare det skelett på vilket vi bygger upp vår sociala närvaro på nätet. Vi knyter våra liv till kartans longituder och latituder och bygger på med olika lager med bilder, filmer, recensioner och berättelser om våra upplevelser av platsen. I konsten är därför kartan inte längre något som bara hänger i bakgrunden på en målning utan fungerar snarare som en dialog och en berättelse om världen. Kartan i Vermeers målning ger oss en uppfattning hur man på 1600-talet i Holland uppfattade världens geografi, medan dagens karttjänster istället berättar historier om alla de personer som bor eller har besökt en plats.

Den bortstädade konsten

Då och då kan man i tidningen läsa om en nitisk städare som har städat bort dyrbar konst på ett konstgalleri eftersom det såg ut som skräp. Den 26 oktober 2015 skrev till exempel Svenska Dagbladet om "Städare trodde konstverk var sopor". Den 20 oktober 2001 kunde Aftonbladet berätta om att "Städerskan på ett Londongalleri städade av misstag undan konstnärens Damien Hirst-installation" och den 6 november 2011 var det dags igen "Städare skrubbade sönder konstverk värt 7 miljoner". Alla som tycker att samtidskonsten är svår och ibland ser ut som vilket skräp som helst får sig inte bara ett gott skratt av alla dessa artiklar utan också en bekräftelse på sina misstankar att dagens konst är kejsarens nya kläder i ny skepnad.

Många av de här historierna påminner till sin utformning om klintbergare, det vill säga en vandringsägen. Historierna dyker upp i olika länder men har det gemensamma att en städare kastar ett värdefullt konstverk som ser ut som skräp. Mycket tyder på att dessa fantastiska historier verkligen har hänt eftersom de går att spåra till vilket galleri och till vilken konstnär som drabbats. De har också blivit omskrivna och redovisade i många betrodda medier. Så låt oss ta en titt bakom rubrikerna och se vad som egentligen har hänt.

På ett museum i norra Italien hade det varit vernissage för en ny konstutställning och när städarna senare på fredagskvällen kom till museet upptäckte de hundratals tomma champagneflaskor, konfetti och cigarettfimpar spridda över golvet och drog slutsatsen att nu fick man än en gång städa upp efter kulturelitens dekadenta förlustelser. Visserligen var de kvarlämnade sakerna i galleriet ett utslag för fest och dekadens men inte efter vernissagebesökarna. Det var istället en installation av de milaniska konstnärerna Goldschmied & Chiari. Deras installation *Where Are We Going to Dance Tonight?* var en kritisk kommentar över hur de italienska politikerna på 1980-talet ägnade sig åt fester och lyxkonsumtion istället för att ägna sig åt viktigare saker som landets och medborgarnas bästa.

Samma sak hände redan 2001 då ett verk av Damien Hirst blev bortstädat på ett galleri i London. Verket bestod av fyllda askfat, kaffemuggar, ölflaskor och hopskrynklat tidningspapper. Det var inte heller här frågan om någon dekadent vernissagefest utan en installation som skulle representera det "kreaktiva kaos" som man kan finna i vissa konstnärers ateljéer. Man kan knappast skylla på städarna bara för att de gör sitt jobb och inte blivit informerade om vilken typ av konst galleriet ställer ut. Förmodligen var städarna vana vid att städa upp efter en och annan fest och tyckte väl att skillnaden mellan verkligt skräp och konstnärligt skräp var obefintlig i bägge fallen.

Att ställa en soppåse fylld med papper och kartong bredvid ett konstverk är kanske inte någon god idé i alla fall inte utan att informera städbolaget. Gustav Metzger deltog 2004 i en utställning på Tate Britain där han återskapade den första offentliga presentationen av *Auto-Destructive Art* från 1960. Soppåsen var en del i verket men en städare tyckte att det såg ut som en soppåse med skräp och kastade bort den. I det här fallet känns det nästan som om städaren helt enkelt uppfyllde konstverkets intentioner. Kallar man ett konstverk för autodestruktiv konst så kan man väl inte bli upprörd när det blir förstört och kastas i soptunnan? Metzger löste dock den uppkomna situationen genom att skapa en ny soppåse med konst och man får anta att städarna på Tate Britain fick en skarp reprimand att inte kasta soppåsar med skräp som stod i galleriet.

Man ska inte heller ställa en värdefull tavla i närheten av annat bråte och skräp. Ett auktionshus i Kina sålde våren 2014 en tavla av kinesen Cui Ruzhou för 25 miljoner på auktion. Tavlan hade efter försäljningen slagits in i skyddspapper i väntan på att skickas till kunden. Sedan hade tavlan råkat hamna i närheten med en hög med sopor och på övervakningsfilmen kan man se hur städaren bara gör sitt jobb och slänger soporna. Tavlan hittade man aldrig trots att man letade efter den på intilliggande soptippar. Den hänger kanske på väggen hemma hos någon renhållningsarbetare som räddade den ur sopbilens gap?

När man läser alla dessa historier om nitiska städare verkar det som om de italienska städarna är mer plikttrogna och mer noggranna än sina Europeiska kollegor. Det återkommer en del historier som utspelar sig just på italienska gallerier. Till exempel våren 2014 då en städare på Sala Murat Gallery i Italien plockade upp en massa brödsmulor, tidningspapper och kartonger från golvet som låg och skräpade. Skräpet var nu en del i installationen *Mediating Landscape* och de olika delarna på golvet skulle ge intryck av ett landskap på golvet. Den kuperade terrängen blev nu istället en del av landfyllningen på en närbelägen soptipp.

Om något ser ut som skräp och återfinns i ett galleri eller konstmuseum så kan man förstås misstänka att det kan röra sig om samtidskonst. Men en madrass med graffiti som ligger utslängd i en park? Det är förståligt att parkarbetarna avlägsnade madrassen från sin plats. Att det var ett verk av konstnären Johnny Doe och ingick i utställningen *Art Free For All* (2011) där 25 konstnärer hade placerat ut olika konstverk i Alexandra parken i norra London var det nog lite svårt att lista ut.

Konst behöver inte se ut som skräp för att blir bortkastad eller förstörd. Ibland räcker det bara med att den ser lite smutsig ut som i fallet med den tyska städaren på ett museum i Dortmund som tyckte en skulptur av Martin Kippenberger behövdes snyggas till. Verket med titeln *When It Starts Dripping From The Ceilings* består av en träställning av ribbor som verkar missfärgade av vatten och under ställningen står en plastskål som ska fånga upp vattnet som läcker från taket. Städaren tyckte skålen såg smutsig ut och bestämde sig helt enkelt för att putsa upp den så den blev skinande ren igen. När tidningarna skrev om den här episoden 2011 så var man noga med att poängterar att konstverket som städaren "förstörde" var värderat till drygt 7 miljoner kronor.

Problemet med bortstädad konst verkar till stor del bero på bristen på kommunikation mellan museum och städbolag. Eftersom samtidskonst kan se ut och vara i princip vad som helst är det egentligen bara kontexten som avgör om det är konst eller skräp. Om betraktaren eller städaren inte får någon nyckel in till konstverket då kan man inte heller klandra dem för att de tycker skräp ser ut som skräp och kastar bort det.

Från golvslipare till guldgrävare

-Jag säger bara en sak! Ådalen! I Lasse Åbergs film Repmånad från 1979 yttras de berömda orden av den värnpliktiga vänstersympatisören "Gurkan" när han står bredvid kapten "Beethoven" på en pissoar på stadshotellet och bryter klassgränsen. -Ja, ja, men det är väl länge sen? svarar Kaptenen något överförfriskad.

Sedan den dödliga konfrontationen mellan militär och strejkbrytare i Ådalen 1931 har själva begreppet "Ådalen" förknippats med arbetarrörelsen, röda fanor och kamp för rättvisa. Konstnären Lenny Clarhäll gjorde 1981 till 50-årsminnet av Ådalshändelserna en bronsstaty. Minnesmärket som står i Lunde gestaltar den kaotiska situationen som uppstod när militären och demonstranterna konfronterades på platsen. Skulpturen visar hur militärens häst stegrar sig mot skyn medan den ensamma arbetaren med sin fana målmedvetet trotsar övermakten.

Lenny Clarhälls staty sammanfattar mycket av det vi förknippar med konst och arbete. Det finns i verket en fysisk kroppslig rörelse framåt som på samma gång verkar fånga hela arbetarrörelsens landvinningar under 30-talet. Blickar man bakåt i konsthistorien så ser man att det finns en tradition av att skildra arbetaren som fysisk och kroppslig. I Gustave Caillebottes impressionistiska målning *Les raboteurs de parquet*, Golvsliparna från 1875 ser vi hur de tre arbetarna med bar överkropp ligger på knä och slipar golvet för hand. Genom fönstret faller dagsljuset in och reflekteras i trägolvet.

Arbetet med att slipa golv var fysiskt krävande, det var svettigt, dammigt och tidskrävande. Idag hade målningen visat en man med munskydd som går bakom en slipmaskin som utför samma arbete som de tre golvsliparna.

Ett annat exempel på det fysiska är Ernst Josephsons *Spanska smeder* från 1881. Två män står i dörröppningen till smedjan, brunbrända, muskulösa och sotiga om armarna. Det märks att de har ett fysiskt krävande arbete och förmodligen är miljön inne i smedjan ganska hälsofarligt med hög ljudvolym, rök och sot. Trots det står smederna och ler mot oss men sina friska bländvita leenden som om de gjorde reklam för ett tandkrämsmärke. De är kanske glada att få komma ut från smedjans varma mörker och känner sig lite smickrade att en konstnär vill avbilda två vanliga arbetare.

Både konsten och samhället har förändrats drastiskt sedan 30-talets industrisamhälle i Ådalen. Många yrken har försvunnit längs vägen och nya har kommit till. Även om det finns en del verkstadsjobb kvar hamnar allt fler av oss i kontorsmiljöer bakom en datorskärm. Många fysiska arbetsrörelser har därför blivit utrotade och ersatts av maskiner och robotar. Konstnären Alexandra Pirici som har en bakgrund i koreografi har i verket *Arbetets monument* skapat ett minnesmonument som bygger på rörelsemönster från industriarbetare från 1970-talet fram till i dag. Genom intervjuer med industriarbetare har hon samlat på olika rörelser som de utfört under sitt liv. Rörelserna har sedan satts samman till ett performativt verk som hade urpremiär i maj 2015 i Göteborg, som traditionellt betraktas som en industristad. Precis som Clarhälls bronsstaty är det ett monument över en svunnen tid eftersom industrisamhället har övergått till en postindustriell ekonomi där det fysiska arbetet i många fall har ersatts av en immateriell produktion, bestående av kontorslandskap där vi producerar idéer och tjänster.

Fotografen Lars Tunbjörk gjorde 2002 en fotoserie med kontor från New York, Tokyo och Stockholm. I Tunbjörks kameralins är kontorsmiljöerna sterila, grå och tråkiga. Människorna är inneslutna i sig själva, inaktiva och alienerade från sina arbetskamrater. Det är ganska deprimerande att se Tunbjörks bild av dagens arbetsplatser och arbetaren. Ställer man hans fotografier bredvid Ernst Josephsons målning av de spanska smederna, som står där tillsammans ute i solen, glada och friska så blir kontrasten ännu större. Något har absolut förändrats i arbetslivet och synen på arbetaren.

Runt samma tid gjorde konstnärerna Karin Hansson, Johan Fowelin och Åsa Andersson Broms en annan fotoserie med kontorslandskap. *Sites* från 1999 bestod av fotografier som dokumenterade de viktigaste knutpunkterna i det framväxande IT-samhället som internetföretaget Spray, aktiebörsen på SEB och Dagens Industris redaktion. Bilderna visar många människor som sitter koncentrerade och arbetar framför sina datorer i öppna kontorslandskap. Arbetaren är inte längre någon som arbetar med sin kropp utan i allt högre utsträckning med sin hjärna.

I den globala ekonomin har det lågavlönade monotona tillverkningsarbetet istället flyttat till Asien. Moderna Museet i Malmö visade under sommaren en installation med den kinesiska konstnären Cao Fei med titeln *Whose Utopia - My Future is Not A Dream, What Are You Doing Here?* (2006). Fei ger oss en inblick i den kinesiska fabriksvärlden som förser oss i västvärlden med billiga konsumtionsvaror. Unga kineser lämnar landsbygden för att söka lyckan i städerna och i de stora fabrikerna, men deras drömmar blir inte alltid vad de har tänkt sig. Fei har dokumenterat och intervjuat arbetarna på OSRAMs fabrik, som tillverkar lysrör och glödlampor. I filmer får vi se den ofta monotona arbetsprocessen och genom fotografier fångar hon deras drömmar. De står ensamma i de sterila fabrikslokalerna och drömmer om en annan tillvaro utanför arbetet som att dansa balett eller spela gitarr.

Bilden av dagens arbetare är på många sätt paradoxal. De som har ett arbete drömmer om en kreativ och meningsfull fritid istället för det monotona jobbet som de måste gå till varje dag för att försörja sig, medan de som inte har något arbete, och därmed hur mycket fritid som helst, drömmer om att ha ett jobb att gå till för att få en meningsfull tillvaro. Samtidigt växer det fram ett ideal om att fritiden och arbetet ska smälta samman. En slags utopisk dröm om det perfekta arbetet där du på ett lekfullt och avslappnat sätt alltid gör det du gillar och trivs med oavsett om du är hemma eller på jobbet eller är det egentligen ett dystopiskt mardrömsscenario? Att du aldrig blir fri från jobbet utan du är alltid tillgänglig och uppkopplad var du än är och vilken tid på dygnet det än är.

Konstnären Axel Stockburger har i videoverket *Goldfarmer* från 2008 skildrat ett nytt framväxande fenomen i Asien. Det rör sig om unga människor som försörjer sig som "guldgrävare" i olika dataspel. Det är nu inte frågan om e-sportens stjärnor som kan tjäna lika mycket som professionella idrottsmän utan spelare som i olika on-line spel samlar mineraler och andra föremål som de sedan säljer till andra spelare i utbyte mot riktiga pengar. Guldgrävare är ett bra exempel på hur den immateriella ekonomin kan skapa en ny form av lågavlönad arbetskraft. Unga människor i Asien sliter timmar framför sin dator för att samla saker som sedan säljs till spelare i västvärlden som istället för att själva lägga ner den tid som krävs för att hitta sakerna och förbättra sin spelstatus, tar en genväg och helt enkelt köper dem. För många unga är dataspel en stor fritidssysselsättning och på så sätt flyter fritiden och arbetet i ihop för många av dessa virtuella guldgrävare i Asien.

Man kan bara hålla med kapten "Beethoven" att Ådalen 31 det var länge sedan och bilden av arbetaren som någon som sysslar med fysiska och kroppsliga övningar har förändrats sedan dess. Istället växer en ny bild av arbetaren fram både i samhället och i konsten, som någon som ofta sitter ensam framför sin dator och arbetar i virtuella världar där hen samlar eller skapar immateriella saker.

Den hemsökta målningen

Dorian Gray önskar sig evig ungdom, men hans önskning har ett pris. Hans kropp förblir evigt ung medan hans själ blir allt mer depraverad. I centrum för Oscar Wildes roman finns en helfigursmålning av Dorian Gray målad av hans vän konstnären Basil Hallward. Medan Gray förblir ung så åldras tavlan och blir allt mer skrämmande och motbjudande i takt med att Grays liv blir allt mer omoraliskt. Tavlan blir den sanna bilden som speglar Dorians Grays mörka själ.

I verkligheten är det snarare tvärtom. Porträttkonsten är ett ögonblick av frusen tid. Medan personen på tavlan åldras och dör förblir tavlan oförändrad, i alla fall är det så vi är vana att se porträtten, men Oscar Wilde vänder på perspektivet. I berättelsen är det istället människan som förbli oförändrad medan tavlan åldras och förändras. Romanen publicerades 1890 då många människor fortfarande ansåg att konsten skulle spegla det vackra och sköna i världen. Konsten var dock på väg att förändras i slutet av 1800-talet och väjde inte längre för det fula och obehagliga i livet. När 1945 års svartvita filmversion av Dorian Gray får premiär har modernismen fått fullt genomslag och vi ser i filmen en porträttmålning med stark inspiration från expressionismen. Edward Munchs målning *Skriet* (1893) och de tyska expressionisterna som skildrade världskrigens fasor är förlagan till Grays porträtt. Dorian Grays porträtt är en målning, som precis som hos modernisterna, inte längre visa det goda hos människan utan hennes mörka sidor, fylld av ångest, skräck och hat.

Diego Velazquez helfigursmålning av Påven *Innocent X* (1650) är ett typiskt representationsporträtt ur konsthistorien. Påven avbildas sittande på en förgylld stol med rött sammetsöverdrag. Kläderna är exklusiva och han utstrålar lugn och beslutsamhet. Vi förstår att det är en idealiserad bild över makten och ämbetet och som inte säger något om vad Innocent X egentligen tänker eller känner. I en serie målningar från 1950-talet skapade den brittiska konstnären Francis Bacon variationer av Velazquez porträtt. Det är tavlor som leder tankarna till berättelsen om Dorian Gray. Påven på Bacons målning ser "demonisk" ut till skillnad från originalet. Ansiktet är utmärglat med en blekblå likfärg och munnen vidöppen och utdragen som han utsätts för en helvetisk smärta. Det är ett porträtt som påminner om demonerna som vi ser i filmens värld som otydliga stiger fram ur skuggornas värld förvridna av smärta och ondska. Kanske har Bacon försökt fånga själen bakom bilden och skapat en metafor för kyrkans dubbeltydiga ansikte som den frälsande men även den fördömande och straffande.

Att den hemsökta och onda tavlan är ett tema som återkommer inom skräckfilmer är kanske inte så konstigt. Tanken på att porträtten på väggen ska bli levande och börja hemsöka oss kan ge vem som helst kalla kårar. För har vi inte alla sett en film eller tecknad serie där ögonen på porätten på väggen plötsligt blir levande och följer huvudpersonen? I de flesta fall rör det sig om någon verklig person som övervakar huvudpersonen i lönndom bakom väggen men det ger ändå en obehaglig känsla av att människorna på tavlorna kanske övervakar oss.

I filmen *Ghostbusters 2* (1989) hittar man också en helfigursmålning som har huvudrollen i berättelsen. Målningen föreställer Vigo en medeltida trollkarl och tyrann från Karpaterna i Ungern. Man kan anta att tyrannen Vald Tepes från samma region och samma period, och senare förlagan till Dracula, har varit en inspirationskälla till målningen. Vigos ondskefulla själ är nämligen fångad i tavlan och han behöver ett nyfött barn för att reinkarneras in i vår tid. Målningen visar den åldrade Viggo i rustning som lutar sig mot en stenstod. Han står på en hög av ben och döskallar och i bakgrunden ser vi konturerna av en stad. Hela målningen är gjord i brun-gula färger som ska imitera den färgskala vi hittar i den holländska målaren Rembrandts självporträtt från mitten av 1600-talet. I *Ghostbusters 2* kommer så klart tavlan till liv och Vigo stiger in i vår verklighet. Tavlan blir en magisk portal mellan döden och livet, mellan fantasin och verkligheten.

I filmen *Djävulens advokat* från 1997 hittar vi också ett konstverk som fungerar som en portal. Den unga försvarsadvokaten Kevin Lomax (Keanu Reeves) som aldrig förlorat ett mål värvas av en ansedd advokatbyrå i New York med deras karismatiska toppadvokat John Milton (Al Pacino). I slutscenen på Miltons kontor där det visar sig att Milton är Satan själv som försöker värva Lomax till den onda sidan ser vi i bakgrunden en stor gipsstukatur som liknar en molnformation. I slutscenen börjar stukaturen att röra på sig och vi ser vackra nakna människor som slingrar sig omkring varandra, en bild som senare förbytts i eld, plågor och fulhet som en spegelbild av Milton/Satans sanna väsen. Gustavs Dores illustrationer till John Miltons diktverk *Det förlorade paradiset* och Dantes *Den himmelska komedin* har varit förlagan till konstverket och delvis även till Al Pacinos rollfigur John Milton. Till exempel i Dores träsnitt *The circle of angels* från 1857 som gjorde till Dantes diktverk kan man hitta inspirationen till stukaturen i form av änglarna som svävar runt i en cirkel i en molnformation.

En annan skrämmande tanke med konsten är att vi själva skulle bli indragna i tavlans bildvärld och för alltid torka fast i färgen. Det är en idé som Roald Dahls skriver om i boken *Häxorna* (1983). Här berättar mormodern för pojken historien om familjen Christiansen som hade en gammal oljemålning hängande i vardagsrummet som föreställde några ankor utanför en bondgård. En dag kommer deras dotter Solveg hem från skolan ätande på ett äpple som hon fått från en trevlig dam på gatan. Nästa morgon är flickan försvunnen. Till sin fasa upptäcker föräldrarna att deras dotter står utanför bondgården i oljemålning och matar ankorna med bröd. Hon har blivit förhäxad och hamnat i tavlan. Det märkliga i sammanhanget är att Solveg med tiden förflyttar sig runt i tavlan som om hon fortfarande var levande.

Ett medium som har fört traditionen om den hemsökta tavlan vidare är dataspelen. I många skäckdataspel har målningar blivit en viktig beståndsdel dels som ett sätt att sätta stämningen i spelets interiörer men även som en aktiv beståndsdel i spelet. När *Ghostbusters 2* släpptes som videospel 1999 och även i den senaste versionen från 2009 spelar till exempel målningen med Vigo en viktig roll. Annars är det främst skräckspel i stil med serier som *Silent Hill* och *Resident Evil* som blivit kända för sina målningar i interiören, som är inspirerad av gotisk och viktoriansk arkitektur. I bägge spelen hittar man en rad parafraser eller pastischer på äldre kända målningar och det finns speciella uppdrag eller mysterier som ska lösas med hjälp av målningarna. Ett annat spel som man kan nämna är *Nier* (2010) där avsnittet *Emil's Mansion* brukar lyftas fram som en hommage till *Resident Evil*. Här hittar man bland annat en korridor med olika porträtt som hänger på väggarna. Varje gång man passerar dem förändras tavlorna lite grann och blir efterhand allt mer skrämmande och spöklika. Det ligger i genrens natur att målningar som hittar i gamla spökhus ska vara läskiga och kanske till och med levande. Målningarna ska återspegla spelets stämning och förstärka den skräckkänsla som du som spelare upplever när du vandrar omkring i rummet.

Det polska spelföretaget Bloober Team går lite längre i spelet *Layers of Fear* (2015). Här låter man spelaren vara konstnären som håller på att bli galen medan han försöker avsluta sitt mästerverk. Hela det viktorianska spökhuset är fyllt med klassiska målningar som förvandlas medan du som spelare börjar tappa kontakten med verkligheten. I trailern ser man Leonardo da Vincis kända porträtt av *Damen med hermelinen* (1490) där kvinnans ansikte förvandlas till något som påminner om en muterad råtta. Precis som i romanen om

Dorian Gray är det konsten som blir en spegelbild av huvudpersonens själ och det mästerverk som konstnären målar i spelet visar sig vara ett skrämmande porträtt som speglar den galenskap som han upplever.

Med dagens teknik skulle nu vem som helst kunna skaffa sig en hemsökt tavla. Det finns företag som säljer speciella DVD-filmer med animerade tavlor som förändrar sig under tid. Det enda du behöver gör att sätta en ålderdomlig ram kring din platt-TV och starta filmen så kommer dina besökare att få skrämselhicka när de ser hur porträttet av en skön ung kvinna på väggen förvandlas till en hemsk zombie. På så sätt kan du enkelt göra om ditt tråkiga hus till ett spännande spökhus.

För den som är mer våghalsig kan man alltid köpa en hemsökt tavla på e-Bay. Legenden om målningen *The Hands Resist* har nämligen blivit en vandringssägen eller en creepypasta, som man kallar skrämmande internetfenomen. Tavlan målades 1972 av konstnären Bill Stoneham och föreställer honom själv som en femårig pojke. Bredvid pojken på tavlan står en stor lite skrämmande flickdocka och i bakgrunden ser man en glassdörr där händer sträcker sig ur mörkret mot glaset. Enligt konstnären symbolisera glaset en skiljevägg mellan verkligheten och fantasin. År 2000 lades tavlan ut på eBay för försäljning och säljaren antydde att tavlan var hemsökt och att personerna på tavlan på natten kunde frigöra sig från tavlan och kliva ut i rummet. Berättelsen fick fart på fantasin hos e-Bay besökarna och snart hade historien spridit sig runt världen och gjort en okänd sjuttiotalsmålning till en av de mest hemsökta på internet.

Men kanske har du redan en hemsökt målning hängande på väggen där hemma? Den italienska konstnären Bruno Amadios målning *Gråtande barn* massproducedes nämligen i miljontals exemplar, ofta utan konstnärens tillstånd, från 1950-talet och framåt. Bara i Sverige har det sålts runt 1.3 miljoner reproduktioner så det är inte otroligt att du har en målning på väggen eller stående i något förråd. 1985 skrev tidningen *The Sun* ett antal artiklar om en märklig historia där man berättade om hur brandmän ofta hittade dessa tavlor i eldhärjade hus. Brandmännen sa att de aldrig skulle ha en sådan tavla i sitt eget hus och snart spred sig en misstanke om att de låg en förbannelse över tavlorna och barnen hemsökte hemmen där de hängde och kanske till och med orsakade bränderna... eller om man ser mer krasst på verkligheten. Med tanke på hur många miljoner tavlor av det gråtande barnet som det borde finns i England är sannolikheten stor att det ska finnas en tavla i många hus som brinner. Så istället för att säga att det beror på hemsökelse skulle man kunna säga att svaret på frågan om varför så många hus med tavlan brinner beror på statistik.

Den zombifierade samtidskonsten

Zombierna har de senaste åren invaderat kulturen. De dyker upp överallt i böcker, filmer, serier och dataspel. Inte ens de gamla klassikerna går längre säkra. Jane Austens roman *Stolthet och fördom* har fått tillägget *och zombier* genom författaren Seth Grahame-Smiths bearbetning från 2009. Nästa år kommer filmversionen av Austens romantiska roman spetsad med några hjärnätande zombier. När historien drabbas av populärkulturens skräckvåg går inte ens Amerikas presidenter säkra. I Grahame-Smith andra romanen från 2010 träffar vi USAs president Abraham Lincoln som vampyrjägare. Lincoln måste inte bara kämpa mot sydstaterna i inbördeskriget utan även mot vampyrerna som stöder slavhandeln eftersom de själva planerar att förslava hela Amerika. Även konsthistorien har de senaste åren fått sin beskärda del av zombier. Det finns så klart en zombie *Mona Lisa*, en *Nattvarden* med zombier, Edward Hoppers *Nighthawks* och Grant Woods målning *American Gothic* hittar du också som zombieversioner och så vidare. Det pågår som du förstår en fullskalig zombifiering av vår kultur och vårt kulturarv.

Popularisering av zombiekulturen får man till stor del skylla på regissören George A. Romero som med filmen *Night of the Living Dead* (1968) började sprida zombieviruset i världen. Med åren fick zombierna allt större fäste i kulturen och har idag utvecklat sig till en epidemi. Inte ens samtidskonsten som brukar vara ganska resistent mot populärkulturella influenser har lyckats hålla emot. Det dyker upp zombieverk lite här och där på museer och gallerier.

Jake and Dinos Chapmans installation *The Dark Destroyer* (2011) består till exempel av skyltdockor utklädda till zombienazister som verkar gå omkring och titta på konst. Skyltdockorna bär SS-uniformer och deras ansikten är svarta av förruttnelse och utmärglade med benvita tänder. Zombienazister är en populär genre inom zombiekulturen. Eftersom de flesta nazister vid det här laget har dött av ålderdom så är det enda sättet att hålla liv i den nazistiska ondskan att göra dem odödliga som zombier. Den norska filmen *Död snö* (2009) är en av de filmer som blåst nytt liv i zombienazisterna. I filmen möter vi ett gäng norska ungdomar som ska "gå på tur" för att övernatta i en stuga på fjället. De råkar dock störa de tyska zombiesoldaterna som legat infrusna i snön sedan andra världskriget och som vaktar en skatt med nazistguld. Man kan inte låta bli och undra om inte bröderna Chapman hade sett filmen innan de skapade sin installation för det finns visuella likheter eller så är det bara så att alla zombienazister ser likadana ut.

Eftersom zombier är ett modernt fenomen så finns det inte så mycket att hämta i konsthistorien. Man kan möjligen undra om berättelsen om Lasarus som väcks från de döda av Jesus skulle kunna ha en zombieanknytning? Enligt Bibeln så har Lasarus legat död i fyra dagar och börjat lukta innan Jesus återkallar honom från de döda men om Lasarus plötsligt fått aptit för hjärnor framgår inte av Bibeln. Inte heller i de målningar som gjorts av motivet som Rembrandt van Rijns målning från 1630 eller Henry Tanners från 1896 hittar man något som påminner om zombier. Istället ser vi på målningarna en medelålders man i vit liksvepning som reser sig ur en stenkista till beskådarnas glädje och förvåning. Några spår av en begynnande förruttnelse, som svartnad hud, som i Chapmans zombier kan man inte se i Lasarus ansikte.

Den amerikanska konstnären Jim Shaw intresserar sig för den amerikanska masskulturen och han kan förstås inte undgå att ta upp zombimotivet. I några av sina målningar (Zombie Paintings) har han målat svartvita zombieansikten med de välbekanta halvruttna utmärglade ansiktena från filmvärlden. Shaw har också skapat skulpturen *Quicksand* (2005) som är gjord i fiberglass och som visar en välklädd man med glasögon och leopardkavaj som sitter nedsjunken till midjan i kvicksand. Bakom honom står en zombie med utsträckta armar. Skulpturen är som en stillbild ur en zombiefilm. I Shaws film *The Hole* (2007) hittar vi också zombier inspirerade av 60-talets zombiefilmer. I filmen ser vi en kvinna som slipar en vägg i ett hus tills hon råkar slipa upp ett hål i väggen. Genom hålet ser hon ett dimhöljt landskap där zombier i form av män i kostym och slips vandrar omkring. Kvinnan har brutit igenom en barriär mellan vår värld och zombiernas värld. De kostymklädda zombierna kan tolkas som en metafor och kritik mot samhällets likriktning och ytlighet precis som Romeros andra kända zombiefilm *Dawn of the Dead* (1978) brukar tolkas som samhällkritik mot det framväxande konsumtionssamhället. Större delen av *Dawn of the Dead* utspelar sig nämligen i ett stort köpcentrum.

I Kina är zombier inte ett lika vanligt fenomen som i västvärlden. Den kinesiska konstnären Cao Fei har ändå lyckats få med ett zombitema i sin film *Haze and Fog* (2013). Filmen utspelar sig i dagens Kina där vi möter människor som flyttat från byarnas traditionella familjeliv till storstäderna där de inte känner sig riktig hemma. Som zombier vandrar de omkring i stadsrummet och känner att något saknas eller har dött inom dem. För Cao Fei är inte zombien den blodtörstiga våldsamma hjärnätaren utan mer en vandrande död som inte verkar höra hemma någonstans och planlöst rör sig i stadsrummet. Man kan dra parallellen till den okonventionella zombiefilmen *Warm Bodies* (2013) som kan sammanfattas som en zombieversion av Romeo och Julia. I filmen är världen uppdelad mellan de levande och de döda men när levande flicka träffar död zombiepojke händer något. Kärleken visar sig vara botemedlet mot zombiesjukan och pojkzombiens kropp börjar värmas upp och hjärtat slår igen. Cao Fei skildrar människor som hamnat mitt emellan traditionen och det moderna och som inte känner sig riktigt hemma någonstans. De har blivit en form av levande döda inombords på jakt efter något som kan få deras hjärta att slå igen och deras kroppar att brinna av känslor precis som pojkzombien i *Warm Bodies*.

Även inom konstkritiken har man plockat upp zombietematiken. Konstkritikern Walter Robinson skrev i april 2014 en artikel för Artspace om *Flipping and the Rise of Zombie Formalism*. Artikeln riktar sig mot konstmarknaden som han och många andra menar har blivit allt för likriktad och där man på löpande band försöker producera nya unga stjärnskott vars konstverk snabbt ska stiga i priser på en överhettad konstmarknad. Speciellt vänder Robinson mot den konstform som han benämner *Zombie Formalism*. Formalism eftersom det rör sig om måleri och zombie eftersom man använder sig av en förlegad och "död" estetisk som kopierar den abstrakta formalismens formspråk från konstnärer som Frank Stella och Morris Louis. För Robinson är det här konst som är "levande död" och som inte borde få gå omkring i samtidskonsten utan för alltid vara begravd i konsthistorien.

Det är kanske så man ska tolka zombien i samtidskonsten? Som en metafor för individer och konst utan egen fri vilja? Går man längre tillbaka, före Romeros zombiefilmer, hittar man den ursprungliga karibiska versionen av voodoo. I voodookulturen är en zombie en person vars sinne någon annan har tagit över och personen har förvandlats till en viljelös marionett. Ungefär som samtidens människor som känner sig alienerade i ett samhälle där de saknar en tillhörighet och ett sammanhang. De är rotlösa vandrare, zombier, som aldrig får ro utan hela tiden drivs framåt av en hunger efter nya bekräftelser och tillfredställelser styrda av okända makter och marknader.

www.ingramcontent.com/pod-product-compliance
Lightning Source LLC
Chambersburg PA
CBHW020441220526
45464CB00002B/797